Köstliche Kalte Küche

Dr. Oetker

Köstliche kalte Küche

Ceres-Verlag
Rudolf-August Oetker KG
Bielefeld

Wir danken folgenden Firmen für die freundliche Unterstützung: Burda-Verlag, München
Jahreszeiten-Verlag, Hamburg
Komplettbüro für Presse- und Öffentlichkeitsarbeit GmbH, München

Gestaltung: Agentur für Werbung und Marketing ATS, Bielefeld

Titel: Arnold Zabert, Hamburg

Innen-Fotos: Arnold Zabert, Hamburg
Studio Büttner, Bielefeld

Rezeptentwicklung und Rezepttext: Versuchsküche Dr. August Oetker, Bielefeld
Leitung: Liselotte Krätschmer
unter Mitarbeit von
Annette Elges, Bielefeld
Wolfgang Helmentag, Gütersloh

Küchenratgeber: Hannelore Blohm, Hamburg

Reproduktionen: Pörtner & Saletzki, Bielefeld

Satz: Fotosatz F. Nollmann, Werther

Druck: J. D. Broelemann GmbH & Co., Bielefeld

1. Auflage

ISBN 3-7670-01853

Kalte Gerichte – leichte delikate Köstlichkeiten mit Pfiff zubereitet und serviert.

Eine große Auswahl von Rezeptvorschlägen, Garnier-Ideen und Tips zum Anrichten bietet diese neue Dr. Oetker Köstliche Kalte Küche. Cocktails, Vorspeisen, Salate, Fisch- und Fleisch-Spezialitäten, Schnittchen, Häppchen, raffinierte Käsezubereitungen und als krönender Abschluß leichte, fruchtige Desserts.

Verwöhnen Sie Ihre Familie, liebe Freunde und anspruchsvolle Gäste mit den für diese Gelegenheiten sorgfältig ausgewählten Gerichten.

Ihr

Ceres-Verlag

Fisch, Krusten- und Schalentiere 126/127

Leichte Küche . . . 202/203

Garnierte Platten 220/221

Desserts 238/239

Küchenratgeber

Das beste Werkzeug ist gerade gut genug

Küchenschere
Geflügelschere
Käsereibe

Wiegemesser
Küchenmesser
Kartoffelschälmesser
Küchenmesser
Küchenmesser
Küchenmesser
Wetzstahl
Tranchierbesteck
Fleischmesser
Fleischmesser
Lachsmesser

Knoblauchpresse
Orangenschäler
Garniergerät
Eierteiler
Spritzbeutel mit verschiedenen Tüllen

Sie sind prima sortiert, wenn Sie über Handrührgerät und Küchenmaschine mit allem Zubehör – von Rührbesen bis Schnitzelwerk und Fleischzerkleinerer – verfügen. Daß Sie einen Toaster haben, setzen wir voraus. Damit können Sie in der Kalten Küche schon eine Menge ausrichten. Aber was wäre sie wert, wenn nicht die nötigen, scharf gewetzten Messer zur Verfügung stünden? Denn nur damit kann so exakt wie möglich und nötig gearbeitet werden. Und mit ein paar anderen guten Werkzeugen auch. Das beste Werkzeug ist übrigens gerade gut genug. Schauen wir uns mal an, was in einer gut ausgerüsteten Küche vorhanden sein sollte:

Die Küchenschere ist ein Allzweckgerät. Es können damit Packungen auf- und Kräuter kleingeschnitten werden. Mit der Ausbuchtung hinter den Klingen werden widerspenstige Drehkorken und normale Kronenkorken geöffnet. Klar, daß Fischflossen einer solchen Schere nicht standhalten; Radieschenblätter z. B. auch nicht.

Die Geflügelschere, mit scharfen Klingen und sehr robust, hilft Ihnen, rohes und gegartes Geflügel in Portionsstücke zu teilen. Sie ist so stark, daß sie auch Knochen teilen kann.

Die Käsereibe brauchen Sie, wenn Ihnen eine grobe Reibe oder ein Elektrogerät zum Zerkleinern fehlt. Ideal ist sie für kleine Portionen.

Das Wiegemesser mit den zwei gebogenen Klingen und den beiden Griffen hackt Kräuter fein und zerkleinert Gemüse, Fleisch und Fisch, egal, ob roh oder gegart.

Küchenmesser zum Schälen, Obst- und Gemüseputzen und zum Zerkleinern gibt's in zahlreichen Formen. Darunter auch das Hackmesser mit der gedrungenen, spitz zulaufenden Klinge.

Der Wetzstahl für Messer mit glatter Klinge ist für Profihausfrauen unentbehrlich. Obwohl es in vielen Haushalten auch schon mechanische oder elektrische Messerschleifer gibt. Damit können auch Messer mit Wellenschliff geschärft werden.

Das Tranchierbesteck – eine Gabel mit zwei langen Zinken und ein scharfes, langes Messer – ist zum Schneiden vor allem von großen Braten und Geflügel unentbehrlich.

Die Fleischmesser, kürzer oder länger, brauchen Sie, um rohes oder gegartes Fleisch gleichmäßig schneiden zu können.

Das Lachsmesser ist erforderlich, um Lachsseiten in hauchdünne, appetitliche Scheiben zu schneiden.

Die Knoblauchpresse ist eine tolle Erfindung. Zwar müssen die Knoblauchzehen noch abgezogen werden, aber die Presse zerkleinert sie.

Der Orangenschäler hilft, die saftigen Zitrusfrüchte so zu schälen, wie es in der klassischen Küche üblich ist, nämlich einschließlich der weißen Haut.

Das Garniergerät sorgt dafür, daß Sie kalte Butter zu Spiralen und Kugeln formen können. Und sogar gerillte Scheiben können damit aus der Butter geschnitten werden.

Eierteiler gibt's für hartgekochte Eier, die Sie achteln möchten (wie hier zu sehen), aber auch solche, mit denen Sie die Eier in gleichmäßige Scheiben schneiden können. Dicke Champignons lassen sich auch damit teilen.

Der Spritzbeutel mit seinen verschiedenen Tüllen ist zum Verzieren und Füllen mit Cremes aus Frischrahmkäse, Sahne, Mayonnaise und Butter unentbehrlich.

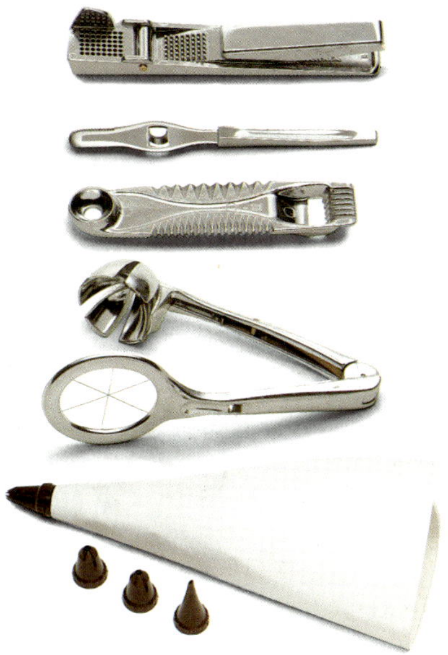

Brot ist aller Kalten Küche Anfang

Ein bißchen Historie vorweg
Wie jedes Nahrungsmittel, so hat auch Brot seine Jahrtausende alte Geschichte. Im Zeitraffer betrachtet, sieht sie so aus: Getreidepflanzen wie Weizen, Gerste und Hirse gibt's als Kulturform seit 6000 Jahren. Zwischen den Jahren 6000 und 3000 v. Chr. wurde Getreide im Orient, in China und Indien angebaut. Auch in Ägypten. Im Land der Pharaonen wurde es zur Hochkultur gebracht. Gerste und Weizen wurden zu Brot gebacken. Es gibt darüber Dokumente, die von immerhin 30 Sorten zeugen. Allerdings durfte nicht jeder jedes Brot essen. Den Göttern war das feinste mit Namen Quamh geweiht, Pharaonen und andere Fürstlichkeiten bekamen „köstlich gebackenes" und für die Soldaten war das mindere Brot gedacht.
Dabei war es Jahrtausende vorher mit dem Backen noch nicht weit her. Das Getreide wurde zerkleinert, also in mörserähnlichen Gefäßen zerstoßen, mit Wasser gemischt, so daß es aufquellen konnte und dieser Brei wurde dann in Fladenform auf heiße Steine gestrichen. Dort trockneten die Fladen sozusagen zum ersten täglichen Brot der Menschheit. Steine also als Vorläufer unserer Backstuben, Getreidebrei als Vorläufer des Brotteiges.
Solch ein Fladenbrot mußte übrigens am Backtag gegessen werden, denn am nächsten Tag war es – weil arm an Flüssigkeit – steinhart. Glücklicherweise entdeckten die Menschen dann eines schönen Jahrtausends, wie Brot gebacken wird und ließen auch die Betrachtung seines gesundheitlichen Wertes nicht außer acht. In unseren Breiten, vor allem in Deutschland, entwickelte sich seit dem Mittelalter eine sagenhafte Fertigkeit im Brotbacken und darin, immer neue Sorten zu erfinden. Inzwischen können wir hierzulande über 200 verschiedene Brotsorten verfügen. Eine solche Vielfalt gibt's nur einmal auf der Welt. Bei uns in der Bundesrepublik.

Die vielen Brotsorten und -formen
Brotsorten, das sind alle nach Mehlart, Mehltype, Mehlmischung, Verarbeitung und Konsistenz gleichen Brote. Aber neben den Sortenbezeichnungen gibt's auch Unterschiede in Form und Oberfläche der Brote. So sind zum Beispiel Längs- oder Ovalformen häufiger als runde. Die Oberflächen können blank oder bemehlt, glatt sein oder Einschnitte haben. Da gibt's die längs, quer und kreuzweise eingeschnittenen Brote. Manche haben auch Einstiche, manche nur Vertiefungen, die vor dem Backen mit den Fingern in den Teig gedrückt werden.

Die Teigmischungen – unterschiedlich wie die Sorten
Denken Sie an Graubrote – als Fladen, Ring oder Laib. Denken Sie an Schwarzbrot in Kasten- oder Laibform oder an Weißbrot als Laib, Baguette oder Stangenbrot –, das sind alles Bezeichnungen aus unserem Sprachgebrauch. Der Fachmann aber unterscheidet ausschließlich nach den verwendeten Mehlsorten. Hier ist der Überblick darüber, was es alles im Bäckereifachgeschäft und im Lebensmittelhandel gibt.
Roggenbrot: Besteht aus Roggenmehl verschiedener Ausmahlungsgrade, wird zu allerlei Sorten und Formen verarbeitet. Seine Krume ist grobporig, sein Geschmack aromatisch-feinsäuerlich. Es hält sich lange frisch. Und weil es meist fein ausgemahlen ist, enthält es auch reichlich Vitamine und Mineralstoffe.
Idealer Belag: Deftige Wurstsorten, roher Schinken, Räucherfisch und kräftige Käsesorten wie Tilsiter oder Appenzeller.
Weizenbrot: Da gibt's zahlreiche Teigmischungen. Es wird aus reinem Weizenmehl mit Wasser oder Milch, auch mit Fett (Toastbrot), mit Salz und Zucker hergestellt. Als Triebmittel wird Hefe verwendet. Je nach Krustenanteil schmeckt es mild bis kräftig. Allerdings wird es rasch altbacken und sollte spätestens am Tag nach dem Einkauf verzehrt werden.
Idealer Belag: Zarte Wurstsorten wie Mortadella, Kalbfleischwurst, Kalbsleberwurst, Räucherlachs, Krabbenfleisch, Hummerfleisch, Kaviar (echter und deutscher), gekochte Eier, Buttermischungen, gekochter Schinken, milde Delikateßsalate, Leberterrinen. Natürlich auch – ganz kostbar – Gänseleberterrinen.

Roggenmischbrot: Der Teig wird aus Roggen- und Weizenmehl in verschiedenen Mischungen und Ausmahlungsgraden mit Sauerteig oder Hefe oder mit beiden geführt. Je dunkler die Krume des Brotes ist, um so höher ist der Ausmahlungsgrad des Mehles. Und damit enthält das Brot auch einen höheren Anteil an Nähr- und Wirkstoffen. Solche Roggenmischbrote müssen mindestens 51% Roggenmehl enthalten. Das würzig-kräftig schmeckende Brot ist bei uns der Renner, denn es wird am meisten gekauft. Im Sprachgebrauch heißt es schlicht Graubrot.

Idealer Belag: Deftige und milde Wurstsorten, roher und gekochter Schinken, milder und schärferer Käse, geräucherter Fisch und Fischzubereitungen.

Weizenmischbrot: Der Teig wird mit einem überwiegenden Anteil an Weizenmehl, einem geringeren also an Roggenmehl zubereitet. Je mehr Weizenmehl das Brot enthält, um so milder ist es, um so heller und krosser ist die Kruste.

Idealer Belag: Eher milde als kräftige Wurstsorten, Frischrahmkäse, Brie oder milder Camembert, Schnittkäse wie Edamer und Emmentaler, Lachs- und Kochschinken, Fischzubereitungen und rustikale Pasteten und Terrinen.

Vollkornbrot: Ungeschälte Getreidekörner, einschließlich der Keimlinge, werden gemahlen und zu Vollkornbrot verarbeitet. Vollkornbrot enthält alle Bestandteile des gereinigten Korns, einschließlich der äußeren Schichten (Aleuronschicht), der Mineralstoffe und eben des wertvollen Keims. Was bewirkt, daß im Vollkornbrot vor allem die für den Kohlenhydratstoffwechsel dringend benötigten B-Vitamine enthalten sind, aber durch den Keimling auch mehrfach ungesättigte (lebensnotwendige) Fettsäuren und Eiweiß. Es gibt Roggen- und Weizenvollkornbrot. Roggenvollkornbrot ist würzig-kräftig und etwas säuerlich. Weizenvollkornbrot dagegen ist milder und von walnußartiger Würze.

Idealer Belag: Alles was kräftig und deftig ist. Geräucherter roher Schinken, Frühstücksspeck, Schmalzzubereitungen, geräucherte und luftgetrocknete Wurst (Salami z. B.), Räucherfisch wie Makrele, Bückling und auch Räucheraal. Und dann die würzigen Käsesorten von Gorgonzola bis Roquefort, von altem Gouda- bis Münsterkäse.

Die interessanten Spezialbrote

Da gibt es eine Reihe würziger Sorten, die aus speziell hergestelltem Mehl nach eigens entwickeltem Backverfahren (Beispiel: Knäcke) und mit den üblicherweise nicht verwendeten Zutaten wie z. B. Buttermilch, Zwiebeln, Kümmel, Sesam und sogar Walnüssen hergestellt werden. Ein kurzer Blick darauf:

Grahambrot aus Weizenschrot, ungesalzen und ungesäuert, hat eine lockere Krume, ist von kernig-nussigem Geschmack und wird auch als Diätbrot angeboten.

Schlüterbrot aus Roggen mit aufgeschlossener Kleie. Ein Roggenbrot, das nach einem besonderen Backpatent hergestellt wird. Von kräftigem, leicht süßlichem Aroma.

Simonsbrot. Es kann sowohl ein Roggen-, als auch ein Weizenvollkornbrot sein, wird nach besonderem Verfahren mit zu Brei gequollenen Körnern und Hefe oder Sauerteig gemischt. Das Kastenbrot wird in der Dampfkammer gebacken, ist dunkel, hat keine Kruste und schmeckt herb mit leichter Süße.

Steinmetzbrot. Dazu werden speziell behandelte Roggen- und Weizenkörner benötigt, die zu Teig verarbeitet und länger als übliches Brot in Formen gebacken werden. Das gibt dem Brot Würze.

Pumpernickel – in Westfalen erfunden. Dazu wird Roggenschrot und dunkles Roggenmehl verwendet, mit Sauerteig gemischt und bei geringer Temperatur mindestens 16, höchstens 24 Stunden gebacken. Und zwar in Dampfkammern. Dabei entstehen Dextrine und Röststoffe, die dem Brot nicht nur sein typisch dunkles Aussehen, sondern auch den malzigsüßen, kräftigen Geschmack geben.

Knäckebrot kann aus Roggen-, Weizenmehl oder Weizenschrot hergestellt sein. Kommt kross und mürbe, gesalzen oder mit Gewürzen angereichert auf den Markt. Manche Sorten verlangen Milch- oder Buttermilchzusatz. Das Flachbrot wird bei hohen Temperaturen rasch gebacken und anschließend noch getrocknet. Einige Sorten schmecken neutral, viele würzig.

Ein Brot, das über Monate hinaus – trocken und verschlossen gelagert – frischgehalten werden kann.
Toastbrot. Durch Fettzugabe an den Teig erhält das Brot aus Weizenmehl seine lockere, feinporige Krume. Ideal zum Toasten. Es gibt auch Toast mit Roggenmehl (Anteil meist 20%), der kräftig-würziger schmeckt.
Zwiebelbrot ist entweder ein Roggen- oder ein Weizenmischbrot mit Anteil an gerösteten Zwiebelstücken.
Walnußbrot – auch ein Roggen- oder Weizenmischbrot mit einem hohen Anteil an halbierten Walnußkernen. Schmeckt großartig. Nach zwei Tagen werden die Nüsse allerdings weich.
Diätbrote. Sie seien nur der Vollständigkeit halber erwähnt. Sie haben ausschließlich die Aufgabe, bei vorgeschriebenen Diäten eingesetzt zu werden. Es gibt sie natriumarm, eiweißarm, eiweißreich und kalorienvermindert.

Die praktischen Backmischungen

Wie es Kuchenbackmischungen gibt, so werden glücklicherweise auch Brot-Backmischungen angeboten. Sie sind äußerst problemlos zu handhaben, ergeben meist ein 500-g-Brot und haben den Vorteil, daß sie frisch aus dem eigenen Backofen serviert werden können.

Kleingebäck gehört auch dazu

Unter dem Begriff Kleingebäck versteht der Fachmann Gebackenes, das – wie Brot – zum Essen gereicht wird. Davon gibt es in der Bundesrepublik etwa 1200 verschiedene Spezialitäten, vom Hamburger Rundstück bis zu den bayerischen Semmeln, von den Kölner Röggelchen bis zu den Berliner Schrippen. Sie können runde, längliche, eingeschnittene und glatte Brötchen kaufen. Solche – oder fast alle – gibt's auch als Stangen. Salz- und Laugenbrezeln, Hörnchen, Flechtsemmeln, Zopfbrötchen und hessische Milchwecken gehören auch zum Kleingebäck. Das meiste wird mit Weizenmehl zubereitet, aber es gibt auch Kleingebäck aus Roggen (Röggelchen). Mit Sicherheit werden Sie unter diesen Spezialitäten eine Menge für Ihre Kalte Küche finden. Sie sind übrigens unentbehrlich auf einem Brot- oder rustikalem Büfett.

Von Canapés, Sandwiches und Smørrebrøds:

Canapés sind international berühmte, belegte Brot-Häppchen, Vertreter der feinen Küche. Sie sollen gerade so groß sein, daß sie einen einzigen Bissen ausmachen. Canapés werden vorzugsweise zum Sektfrühstück und zum Imbiß serviert. Ganz selten werden sie auch als Vorspeise oder zum Cocktail vor Tisch gereicht. Weißbrot, aber auch Pumpernickel, zartes Mischbrot oder Toast werden in Quadrate, Dreiecke, Streifen oder Rauten geschnitten oder als Taler ausgestochen. Hauptsache, sie sind nicht viel größer als der Durchmesser einer Eischeibe. Die feinsten Canapés sollen mit dem Feinsten belegt sein: zum Beispiel mit Kaviar und Räucherlachs, Räucheraal, Hummerstückchen und Austern. Das heißt aber nicht, daß sie weniger aufwendig nicht mindestens ebenso lecker belegt werden könnten. Immer wird das Brot mit Butter oder Buttermischungen bestrichen. Es werden pro Person etwa 6 Canapés gerechnet.
Sandwiches sind eine Erfindung des ehrenwerten John Montagu, jenes Vierten Earl of Sandwich, der 1718 bis 1792 lebte. Besser: Er ließ erfinden. Als Kartenspieler aus Leidenschaft mochte er sein Spiel nie unterbrechen. Und um die Karten nicht mit Fettfingern anfassen zu müssen, legte ihm sein Koch noch eine dünne Scheibe Brot aufs fein belegte Brot. Es entstand eine delikate Klappstulle. Das Sandwich war geboren. Aus zarten Brotscheiben zubereitet, darf es aus der Hand gegessen werden.
Smørrebrøds sind eine Erfindung, die den Dänen alle Ehre machen und der beste Beweis für ihren guten Geschmack sind. Sie belegen höchstens 1/2 cm dicke Brotscheiben – ob Toast-, Weiß- oder Roggenbrot mit den leckersten Sachen. Mit Lachs, Hummer- und Krebsfleisch, mit Rührei, gekochtem Ei, Fleisch, Fisch, Geflügel, Wurst und Käse und mit Delikateßsalaten. Luxus-Smørrebrøds kommen dann gleich mit einem Belag aus Gänseleberparfait, geräucherten Austern, Langusten und Kaviar daher. Das Typische: Bei Smørrebrøds geht es nie ohne Garnierung zu und meist nicht ohne frisches Kopfsalatblatt. Dill, Petersilie und allerlei Kräutchen, Rote Bete in Streifen, Gürkchen, Mayonnaise, Sahnerosetten sind beinahe Pflicht.

Was auf Brot und in Salat gehört

Wollten wir alles beschreiben, womit Sie Brote köstlich belegen, Salate mischen und Kalte Büfetts zum Ereignis werden lassen können, diese Buchseiten würden dazu nicht ausreichen. Suchen wir uns deshalb nur die Perlen der Produkte aus, die zur Kalten Küche gehören.

Butter muß sein

Natürlich gehören Butter oder gute Margarine (wem das lieber ist) aufs Brot. Egal, für was Sie sich entscheiden. Hauptsache, der Aufstrich ist frisch. Ernährungsphysiologisch wertvoll sind beide, wenn auch von verschiedener Zusammensetzung. Butter hält sich im geschlossenen Gefäß im Kühlschrank mindestens zehn Tage frisch. Margarine kann sechs Wochen lagern.

Am Anfang ist das Ei.

Auch wenn die Frage nie beantwortet wird, ob denn Ei oder Henne zuerst dagewesen sind, in der Kalten Küche steht das Ei an erster Stelle. Es ist sozusagen ihre stärkste Säule. Hartgekochte Eier stehen ganz vorne unter allen Zutaten. Sie sind relativ geschmacksneutral und lassen sich deshalb vorzüglich mit Wurst und Schinken, Fisch und Meeresfrüchten, Gemüse und Fleisch kombinieren. Da rohe Eier außerdem eine wesentliche Grundlage für die unentbehrliche Mayonnaise sind – ob selbst gerührt oder gekauft – kann niemand an ihrer Wichtigkeit zweifeln.

Aber: In der Kalten Küche nur frische, höchstens zehn Tage im Kühlschrank gelagerte Eier verwenden.

Rustikaler Genuß: Wurst

1500 Wurstsorten gibt's in der Bundesrepublik, die hausgemachten wie Gutswurst nicht mitgezählt. Und die Importe wie ungarische oder italienische Salami natürlich auch nicht. Deutschland – Wurstland. Schon im Mittelalter wurde hierzulande Wurst auf Eß- und Freßfesten tonnenweise vertilgt. Adel wie Bürgertum standen sich da in nichts nach. Damals hatten sich die Deutschen oder zumindest die Menschen, die auf dem späteren deutschen Territorium lebten, auf Platz eins der Wurstesser emporgearbeitet. Der heutige Konsum beweist, daß diese Stellung eher ausgebaut wurde. Denn pro Kopf und Jahr ißt der Bundesbürger 19 kg Wurst plus 7 kg andere Fleischerzeugnisse. Was stolze 26 kg ausmacht. Tendenz steigend. Daran hat selbstverständlich die bei uns geliebte Kalte Küche ihren erheblichen Anteil. Wurst ist in aller Munde, ob zum Frühstück, zwischendurch oder am Abend, am familiären Eßtisch oder zur Gästebewirtung.

1500 Wurstsorten! Sie einzeln aufzuführen, würde zu weit führen. Aber einen Überblick sollten Sie hier schon bekommen. Alle Wurstsorten bestehen aus drei Arten: Kochwürste, Rohwürste und Brühwürste.

Kochwürste aus vorgekochten Zutaten sind meist Frischwürste und daher begrenzt haltbar. Angeräuchert halten sie natürlich länger. Zur Kochwurstfamilie gehören z. B.: Leberwürste und -pasteten, Blut- und Rotwurst, roter Preßsack, roter Schwartemagen, Rotzungenwurst und wurstähnliche Sülzen.

Rohwürste werden ausnahmslos aus rohem Fleisch hergestellt. Sie werden gesalzen, getrocknet und geräuchert und damit konserviert. Sie sind also lange haltbar. Beispiele für streichfähige Sorten: Tee- und Mettwurst; für schnittfeste Sorten: Cervelat- und Schlackwurst, Schinken- und Katenwürste.

Brühwürste. Ihr Brät – vorwiegend aus rohem Fleisch – wird in Därme gefüllt. Dann werden die Würste abgebrüht. Sie sind nur begrenzt haltbar. Dazu gehören u.a. Fleisch- und Gelbwurst, Jagd-, Bierwurst und Bierschinken.

Ob Sie nun die gehobenen Sorten, wie getrüffelte Leberwurst oder die deftigen wie Rot- und Blutwurst bevorzugen, ist eine Frage des Anlasses. Aufs rustikale Büfett gehört keine getrüffelte Wurst, auf Canapés keine einfache Blutwurst. Alles zu seiner Zeit. Nur dies ist wichtig: Je frischer die Wurst, um so besser schmeckt sie.

Leckerer Braten. Egal, ob Schweine- oder Kalbsbraten, gebratenes oder gekochtes Geflügel, Wildbraten oder gekochtes Rindfleisch, z. B. Rinderbrust, alles läßt sich verwenden. Braten als Aufschnitt oder mit pikanten Soßen und – wie gekochtes Fleisch – in Salaten, aber auch als Belag, es gibt ungezählte Möglichkeiten, Fleisch in der

Kalten Küche einzusetzen.

Köstlicher Schinken

Schinken ist das frische Fleisch der Schweinekeule und ist sowohl als Braten als auch als gekochter und roher (geräucherter) Schinken erhältlich. Allerdings: Nicht alles, was als Schinken auf dem Markt angeboten wird, ist aus der Schweinekeule gemacht und dürfte nicht die Bezeichnung Schinken tragen. Zum Beispiel der gekochte Vorderschinken ist kein echter, weil er aus der Schweineschulter produziert wird. Auch der Lachsschinken ist kein echter Schinken, wenn auch eine fabelhafte Spezialität. Er wird aus dem Kotelettfleisch des Schweins hergestellt, warm oder kalt geräuchert und naturgereift. Er ist immer mager und zart und wird durch einen Speckmantel vor dem Austrocknen geschützt. Im Gegensatz zum Pariser Lachsschinken aus dem gleichen Stück, der von besonders feinem Geschmack ist. Daß auch Kasseler kein Schinken ist, sei nur am Rande erwähnt. Dabei handelt es sich um mild gepökeltes Kotelett- oder Nackenstück vom Schwein, das bei geringer Temperatur geräuchert wird. Hier ein paar Informationen über die wichtigsten „richtigen“ Schinken aus der Schweinekeule.

Räucherschinken mit Knochen: Holsteiner Katenrauchschinken von mildem Rauchgeschmack und charakteristischem Aroma und Westfälischer Knochenschinken, würzig-rauchig, werden über Buchenholz geräuchert.

Räucherschinken ohne Knochen: Schwarzwälder Schinken – stark gepökelt, kernig-würzig, wird mit Nadelhölzern geräuchert. Ardenner Schinken aus Frankreich stammt von Schweinen, die mit Eicheln gefüttert werden und hat daher auch seinen kräftigen Geschmack. Wacholderrauch macht ihn noch würziger.

Luftgereifte Schinken mit Knochen. Ihre wichtigsten und köstlichsten Vertreter sind die Parma- und San Daniele-Schinken, die bis zu 15 Monate luftgetrocknet werden und mit jedem Monat besser werden. Beide sind nussig-mild im Geschmack, der San Daniele fast noch leckerer als der Parma.

Bayonner Schinken aus den französischen Pyrenäen ist auch naturgereift, dem Parma ähnlich, wird aber meist nur 9 Monate luftgetrocknet.

Fein aromatisch: Käse

Wir mögen unsere deutschen Käse: Den herzhaft pikanten Bergkäse, einen Hartkäse aus dem Allgäu. Oder den Weißlacker, auch Bierkäse genannt, ein kräftig-würziger halbfester Schnittkäse. Den Romadur, jenen delikaten Weichkäse, sehr pikant. Die gibt's aber meist nur regional. Den Butterkäse, ein halbfester, milder Schnittkäse von gewisser Haselnuß-Süße. Den relativ neuen Bavaria Blue, außen mit weißem Edelpilz, innen mit blauem Edelpilz, hocharomatisch-würzig und sahnig. Die gibt's national. Wir mögen auch die deutschen Sorten, die den ausländischen – dem Emmentaler, Gouda, Edamer – nachempfunden wurden. Nur: Kommt Käse aus dem Ursprungsland, schmeckt er halt besser, weil er dort wie hier nach seinen Original-Rezepten hergestellt wird. Gut, daß wir heute über die meisten europäischen Sorten verfügen können. Über Käse aus Frankreich. Nicht über alle 400 Sorten, aber über viele. Über Käse aus Griechenland, wie den Kascaval und den Feta. Aus Dänemark, wie den Blue Castello, den Luxus Danbo, den Esrom. Oder über solch originellen Käse wie den Stilton aus England, einem halbfesten Käse mit Innenschimmel, sehr aromatisch und im Land König der Käse genannt. Oder den echten Cheddar, rötlich fest, der mit dem nachgemachten Chester kaum verwandt ist. Schließlich aus Italien echten Parmesan, den Parmigiano Reggiano, den Edelschimmelkäse von besonders zartem Aroma mit Namen Gorgonzola, den Frischkäse Mozzarella und natürlich die echten Holländer, den Gouda, den Edamer und die Original Schweizer Emmentaler, Appenzeller und Greyerzer. An Käse mangelt es uns nicht. Und Delikatessengeschäfte, die auf sich halten, führen viele Sorten, Spezialgeschäfte noch mehr. Hergestellt werden die meisten europäischen Käsesorten aus Kuhmilch, viele aus Schaf- und Ziegenmilch und mancher Mozzarella (nicht jeder) aus Büffelmilch. Käsefans begrüßen die Vielfalt des Angebots. Denn ein Käsebüfett ist für sie das Größte. Und Käse ist als schlichter Brotbelag so gut wie auf Schnittchen,

Smørrebrøds und in Salaten.

... und die Delikatessen?

Ohne sie wäre die Kalte Küche nur halb so interessant. Aber Delikatessen sind teuer, deshalb werden sie auch nicht so häufig eingesetzt. Wenn aber, dann lohnt es sich. Schauen wir sie uns an:

Räucherlachs. Der beste ist der Ostseelachs von der deutschen Küste. Beinahe so gut der schottische und skandinavische Wildlachs. Für feine belegte Brote, zu Toast, auf Canapés und vorzüglich für Cocktails.

Hummer. Der Kardinal der Meere, unter den Krustentieren bei uns das beliebteste, schmeckt kalt mit excellenten Soßen köstlich, ist als Cocktail und als Belag hervorragend geeignet. 500 g schwere Hummer haben das beste, zarteste Fleisch.

Kaviar. Egal, welche Sorte, echter Kaviar stammt immer von den Rogen verschiedener Störarten und kommt zum größten Teil aus der UdSSR oder Persien, genau vom Kaspischen Meer. Kaviar ist wohl das, was sich jeder vorstellt, wenn von Delikatessen die Rede ist. Aber noch lange nicht jeder mag ihn. Kaviar-Fans sind allerdings gerne bereit, den geforderten hohen Preis dafür zu zahlen. In kleinen Mengen werden damit Canapés oder Salate garniert, um ein kulinarisches Glanzlicht aufzusetzen. Es gibt aber auch preiswerten deutschen oder dänischen Kaviar oder Kaviar aus Lachsrogen (Keta-Kaviar).

Räucheraal. In der Qualität schießt der Spitzkopf-Blankaal aus der Ostsee - frisch, glänzend, saftig und ungeheuer würzig - den Vogel ab. 300 g schwere Aale sind bei Kennern die Favoriten. Lecker auf Schwarzbrot, Weißbrot und zu Toast, auf Canapés, Schnittchen und Fischbüfetts.

Bücklinge und geräucherte Makrelen sind in der Kalten Küche nicht zu verachten. Die Bücklinge - heißgeräucherte, nicht ausgenommene Heringe - haben zu Beginn der Heringsfangsaison, z. B. im Mai-Juni, ihr bestes, zartes Fleisch, auch die Makrelen, die heutzutage schon auf vielfältige Art - z. B. mit Pfeffer - geräuchert werden, aber etwas weniger saftiges Fleisch haben. Beide sollten für rustikale Essen eingesetzt werden.

Geräucherter Heilbutt mit seinem zarten, fettreichen Fleisch ist eine Delikatesse, die auf keinem Fischbüfett fehlen darf, die aber auch auf Brot oder zu Brot großartig schmeckt und manchem Fischsalat Pfiff gibt.

Flußkrebs. Genießer sagen, die 80 g schweren seien die besten. Zart ist ihr Fleisch allemal. Aus den Schalen gelöst sind sie eine gute Ergänzung auf Fischplatten, ausgezeichnet für Canapés und Schnittchen, auf Smørrebrøds, mit Sahne-, Crème fraîche- oder Mayonnaisezubereitungen.

Trüffeln - die köstlichen Pilze aus dem französischen Périgord (schwarze) oder dem italienischen Piemont (weiße) wird man zumeist nur als sparsame Garnierung verwenden, denn sie sind sündhaft teuer. Frisch gekocht sind sie allerdings ein Genuß, der jedem feinen Salat die Krone aufsetzt.

Krabbenfleisch. Da ist das kräftig-aromatische Fleisch der Nordseegarnele besonders lecker. Für Salate, Cocktails, zu Brot, in Mayonnaise-Sahne und als Garnierung vorzüglich.

Fischkonserven von Crab meat bis Hering in Tomaten, von Krebsschwänzen bis Miesmuscheln, sie alle gehören zur Kalten Küche, bereichern Fischplatten, eignen sich für belegte Brote, Smørrebrøds und auch für Salate.

Austern sind zwar nicht jedermanns Sache, aber wer sie mag, schwört darauf. Es gibt sie auch eingelegt oder geräuchert eingelegt. Für Canapés der elitären Sorte werden sie sogar frisch verwendet. Zur Kalten Küche gehören sie allemal. Denn frische Austern werden ja - wie Sie wissen - direkt aus ihren Schalen gegessen.

Gekochter Fisch. Schellfisch, Kabeljau oder Heilbutt (ganz fein: Seezunge) kann vorzüglich zu Salaten verwendet werden oder - in Mayonnaise, Crème fraîche oder Sahne, auch als Belag.

Geflügel dressieren und tranchieren

Ob Sie nun - wie wir - eine Ente für den Kochtopf oder den Bräter vorbereiten oder ob es Hähnchen, Fasan, Täubchen, Puter oder Gans sein sollen, im Prinzip sind alle Vögel gleich zu behandeln. Tiefgekühlte Ware bekommen Sie, wie bekannt, küchenfertig. Gerät Ihnen aber mal ein Vogel im Federkleid - möglicherweise ein Fasan - in die Hände, dann müssen Sie ihn rupfen. Aber vorsichtig, damit die Haut nicht verletzt wird. Danach wird der stehengebliebene Federflaum über offener Flamme abgesengt (Gas- oder Spiritusflamme). Falls noch Federkielreste in der Haut stecken, werden sie mit der Pinzette herausgezogen. Dann wird das Tier ausgenommen, nachdem Kopf und ein Stückchen Hals und die Unterschenkel entfernt wurden. Jetzt geht's weiter wie bei küchenfertigem Geflügel: innen und außen waschen, abtrocknen, innen würzen und dann dressieren. Wie das gemacht wird, sehen Sie am Beispiel einer Ente auf unseren Fotos.

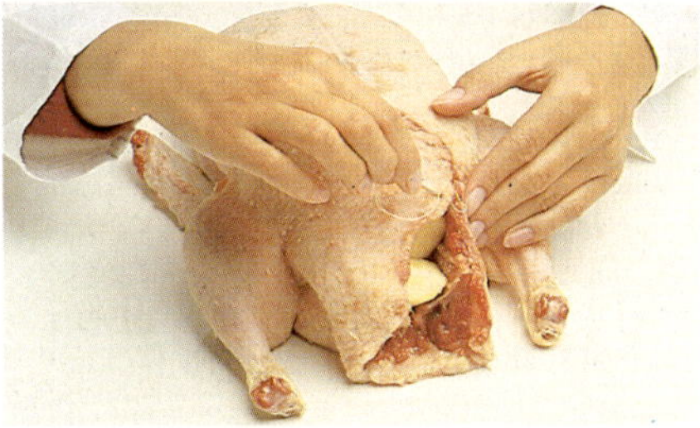

Dressieren einer Ente.
Ente mit Rücken auf Arbeitsfläche legen. Öffnung zustecken oder zunähen.

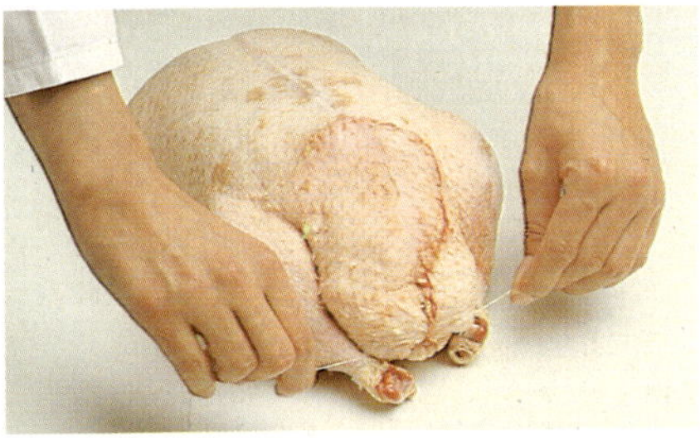

Küchengarn an zugenähter Öffnung fixieren. Keulen umwickeln und zusammenbinden.

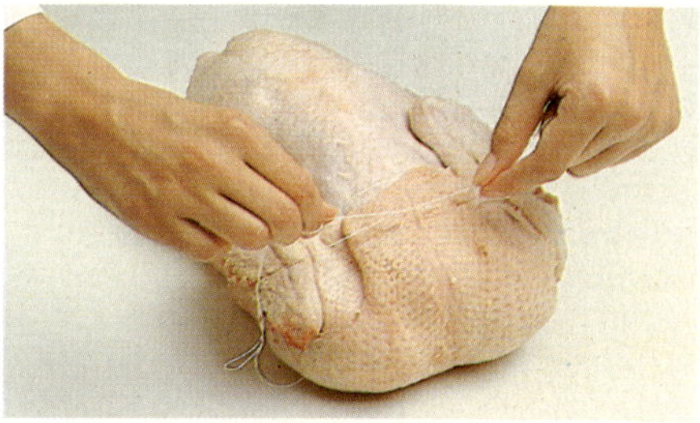

Flügel hinter die Rücken-Hautfalte stecken. Hautlappen vom Hals auf Brust legen. Flügel und Hautlappen festbinden.

Bratfertige Ente nach Belieben mit Speckscheiben belegen, damit Sie beim Braten saftig bleibt und nicht zu braun wird.

Tranchieren einer Ente. Ente mit Tranchiergabel festhalten, Keulenfleisch durchschneiden. Knochen ein wenig drehen, durchtrennen.

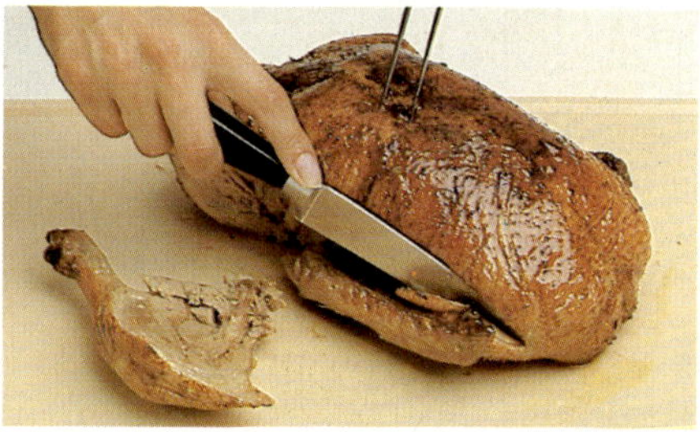

Mit den Flügeln genauso verfahren, d.h. mit dem Messer vom Rumpf trennen.

Tranchieren von Rehrücken und Hasen (Kaninchen)

Ob es um Reh-, Hirsch- oder Hasenrücken geht (oder auch um Lammrücken), tranchiert werden sie alle auf die gleiche Weise. Und das so sorgfältig und gleichmäßig, daß sie - in Scheiben wieder aufs Knochengerüst gelegt - aussehen, als wäre der Rücken überhaupt nicht zerlegt. Ob Sie frisch oder tiefgekühlt kaufen, ist heute keine Frage des Geschmacks mehr. Denn Wild macht beim Einfrieren den Reifungsprozeß durch, der bei frischem Wild durchs Abhängen erzielt wird. Wenn Sie aber die Wahl haben, nehmen Sie keine gespickte Ware, sondern bardieren den Braten lieber. Das heißt: Ihn mit Scheiben von geräuchertem fetten Speck umwickeln. Das hält ihn saftig, würzig und spart Kalorien, denn vor dem Verzehr wird der Speckmantel abgenommen. - Beim Wildhasen gibt's beim Braten eine kleine Schwierigkeit. Das Rückenfleisch mit den Filets ist so zart, daß es nur ½ Stunde zu garen braucht. Im Gegensatz zu den Keulen, die 1 bis 1½ Stunden brauchen. Was tun? Entweder, Sie kaufen nur Keulen oder nur Rücken (eine Hälfte reicht für eine Person) oder Sie legen den Rücken nach etwa der Hälfte der Garzeit der Keulen mit in den Bräter. Bei einem Hauskaninchen werden Rücken und Keulen zur gleichen Zeit gar, weil das Fleisch gleich zart ist.

Scheiben aus dem Brustfleisch schneiden. Erst von oben gerade aufs Knochengerüst, dann die Scheiben waagerecht vom Knochengerüst schneiden.

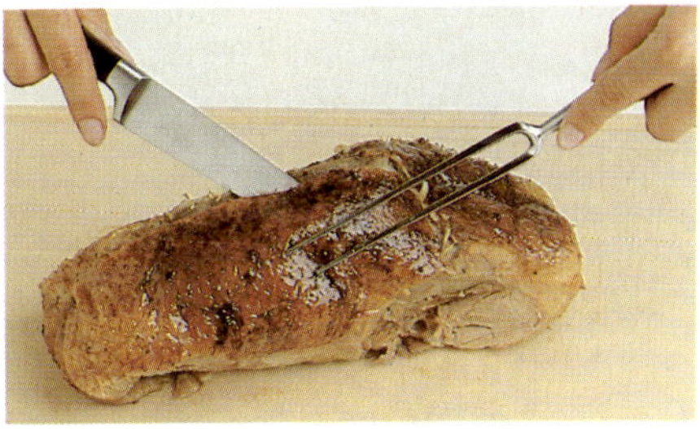

Oder:
Brustfleisch mit dem Messer auf beiden Seiten von den Brustknochen lösen.

Ausgelöstes Brustfleisch mit scharfem Messer in dicke Scheiben schneiden. Restliches Entenfleisch von den Knochen lösen, in Stücke schneiden.

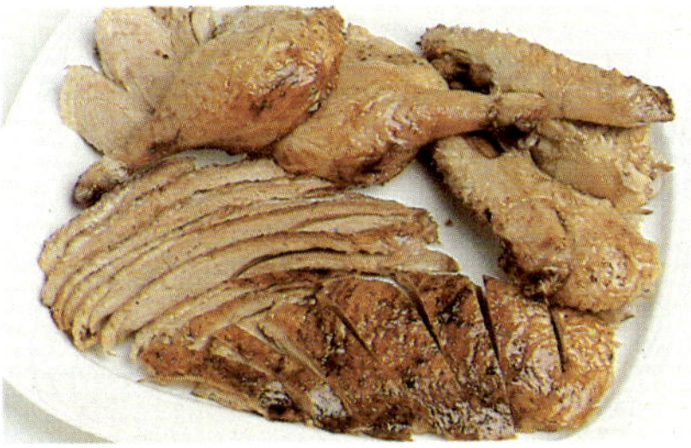

Angerichtete Fleischplatte. Kleines Geflügel kann auch in vier Teile tranchiert serviert werden.

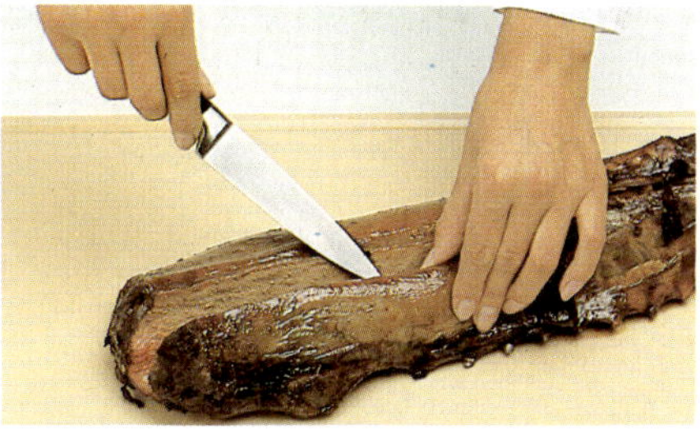

Tranchieren eines Rehrückens.
Rehrücken mit dem Knochen nach unten auf die Arbeitsplatte legen, festhalten. An der Mittellinie entlang bis zum Knochen durchteilen. Mit der Messerspitze das Fleisch waagerecht ablösen.

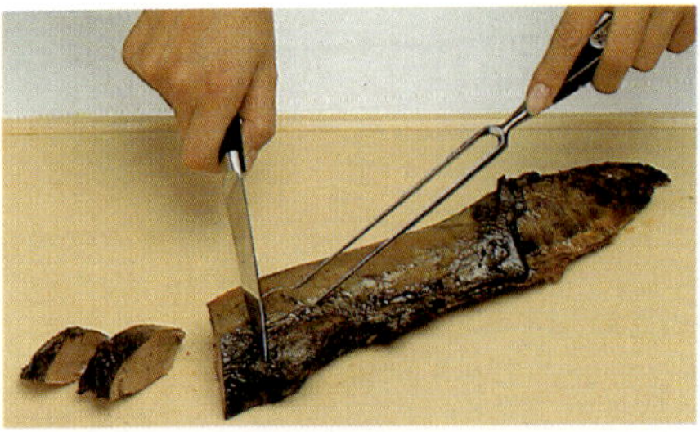

Filets in schräge dicke Scheiben schneiden. Dabei Fleisch mit der Tranchiergabel festhalten.

Zum Anrichten die Rehrückenscheiben wieder auf das Knochengerüst legen, evtl. mit Aspik überziehen und garnieren.

Übrigens: Wenn Sie ausschließlich Hasenkeulen zubereiten, die es – wie Hasenrücken – tiefgekühlt gibt, sollten diese mariniert werden. Sie geben sie in eine Marinade aus Buttermilch, 2 Lorbeerblättern, 3 zerdrückten Wacholderbeeren, ½ Teel. Senfkörnern, 1 Teel. gerebeltem Majoran oder Thymian. Die Keulen müssen mit der Buttermilch bedeckt sein und 24 Stunden darin mariniert werden.

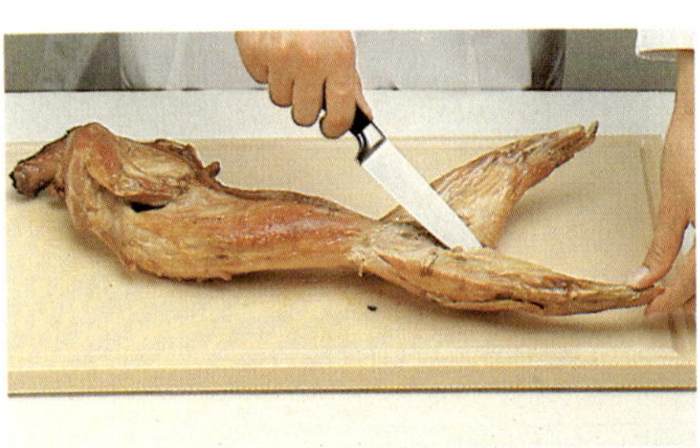

Tranchieren eines Hasen.
Hasen (Kaninchen) auf Rücken legen, an einer Keule festhalten. Die Keule schräg zum Körper hin abtrennen, die anderen Keulen entgegengesetzt abtrennen.

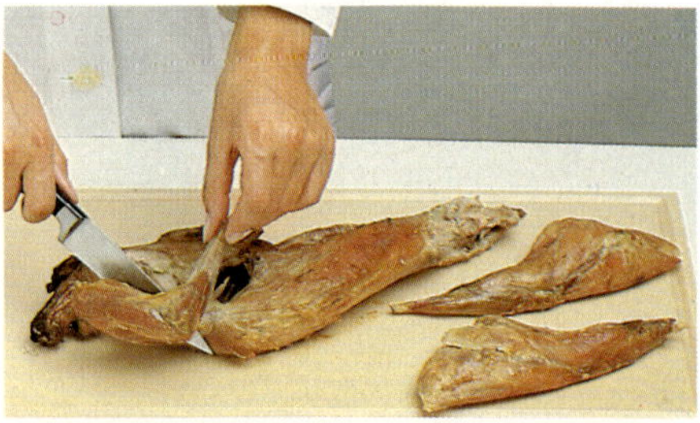

Einen Vorderlauf festhalten. Mit dem Messer an der Schulter entlang abtrennen. Dabei den Knochen leicht drehen und Sehne durchtrennen.

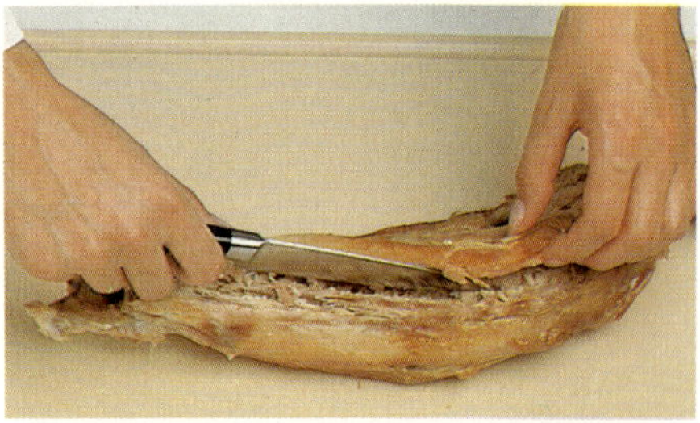

Hasen (Kaninchen) längs halbieren. Zuerst Rückenfleisch vom Knochengerüst heben, möglichst in einem Stück. Dann übriges Fleisch abtrennen.

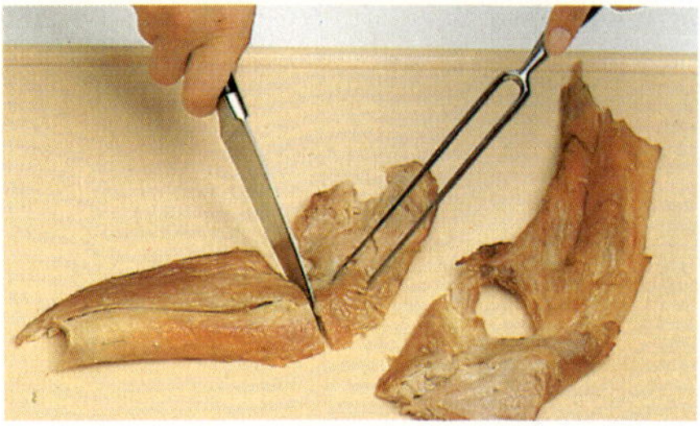

Rückenfleisch in Stücke schneiden. Übriges, abgetrenntes Fleisch halbieren. Dabei die Stücke mit der Tranchiergabel festhalten.

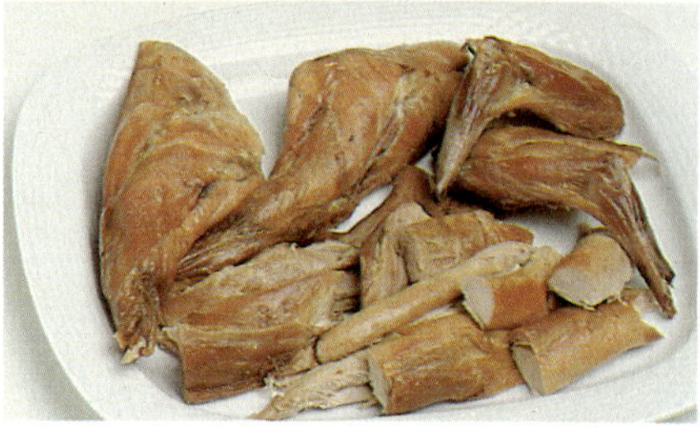

Tranchierten Hasen (Kaninchen) auf einer Platte anrichten. Nach Belieben mit Soße überziehen.

Küchenkräuter - Kräuterküche

All die aromatischen Kräutchen, so gesund wie wohlschmeckend, sind es erst, die der Kalten Küche geschmacklich die rechte Geltung verschaffen. Hier ein Überblick über die gebräuchlichsten Kräuter:

Basilikum: Das würzig-pfeffrige Kraut gibt's von Frühsommer bis Herbst frisch. Verwendet werden nur die Blätter. Für Nudel-, Käse-, Fleisch- und Fischzubereitungen bestens geeignet.

Bohnenkraut: Ab Juli frisch zu kaufen. Stengel und Blätter werden verwendet. Gut in allen Bohnengerichten und derben Salaten aus Hülsenfrüchten und Fleisch.

Borretsch: Schmeckt frisch nach Gurken und ist daher für alle Gerichte aus Gurken unentbehrlich. Von Mai bis September frisch auf dem Markt. Die bildschönen Borretschblüten sind eine attraktive Garnierung.

Petersilie: Ohne sie wäre die Kalte Küche ein glattes Nichts. Sie kann Würzzutat und Garnierung zugleich sein. Am aromatischsten ist sie im Sommer, die glatte noch mehr als die krause.

Pimpernelle: Das Kraut, das milde nach Nüssen schmeckt, gibt's selten frisch. Dabei sind seine Blätter eigentlich unentbehrlich für Grüne Soße, Salate, Kräuterquark und -butter.

Rosmarin: Die Zweige mit den nadelförmigen Blättern würzen bitter-aromatisch-pikant sowohl Fleisch und Fisch als auch Tomaten- und andere Gemüsegerichte.

Dill: Oft auch im Winter, im Frühjahr als Unterglasware, aber richtig aromatisch erst im Sommer vom Freiland gibt es Dill, der frisch anis-ähnlich schmeckt. Für grüne Salate, Crème-fraîche-Zubereitungen und Fisch unentbehrlich.

Estragon: Frisch erhältlich von Frühjahr bis Herbst. Sein Geschmack ist intensiv-aromatisch und ein bißchen süßlich. Sehr gut für Salatmarinaden und Kräuterbutter.

Kresse: Genauer handelt es sich um Gartenkresse, die ganzjährig in Kästchen angeboten wird. Für Salate, kalte Platten, kalte Suppen und als eigenständiger Salat.

Salbei: Nur im Sommer frisch erhältlich, sonst getrocknet. Schmeckt streng würzig und ist ideal für italienische Salate.

Sauerampfer: Frisch von Frühling bis Frühsommer. Die zarten, fein-säuerlich schmeckenden Blätter werden für kalte Soßen verwendet und überall da eingesetzt, wo Kräutermischungen am Platz sind. Zum Beispiel für Grüne Soße.

Schnittlauch: Auch er schmeckt am besten während der Sommersaison. Zu haben ist er aber fast immer.

Liebstöckel: Es heißt auch Maggikraut, schmeckt intensiv nach Bouillon und ist daher sparsam zu verwenden.

Lorbeer: Wer ein Lorbeerbäumchen hat, kann auch Lorbeerblätter ständig frisch ernten, sonst sind getrocknete Blätter erhältlich. Für Fischzubereitungen unentbehrlich, auch zum Würzen von Braten geeignet, die kalt aufgeschnitten werden sollen.

Majoran: Die Blätter werden frisch oder getrocknet hauptsächlich für Fleischgerichte und Füllungen verwendet.

Schnittsellerie: Er ist so hocharomatisch-würzig wie Knollensellerie. Frisch im Sommer und Spätsommer. Für deftige Salate, Quark-, Eier- und Mayonnaisesoßen.

Thymian: Leider spärlich, aber immerhin wird Thymian frisch von Frühjahr bis Herbst angeboten. Schmeckt würzig nach Nelken. Triebe und Blätter werden zu Schwein-, Lamm- und Wildzubereitungen und in Salatmarinaden verwendet.

Zitronenmelisse: Das zart nach Zitrone schmeckende Kräutchen ist gleichermaßen geeignet für Salate, wie Kräutersoßen, -butter und -quark. Und für Erfrischungsgetränke und Cocktails.

Basilikum

Bohnenkraut

Borretsch

Dill

Estragon

Kresse

Liebstöckel

Lorbeer

Majoran

Petersilie

Pimpinelle

Rosmarin

Salbei

Sauerampfer

Schnittlauch

Schnittsellerie

Thymian

Zitronenmelisse

Exotische Früchte

Es ist kein Problem mehr, an exotische Früchte heranzukommen. Superschnelle Flugzeuge und Kühlschiffe machen's möglich, die Fremdlinge über den gut sortierten Obst- und Gemüsehändler auf unsere heimischen Tische zu bringen. Die wichtigsten sind auf unseren Bildern zu sehen.
Die **Guave** z. B., aus den Tropen Mittel- und Südamerikas stammend, die fünfmal so viel Vitamin C enthält wie Zitrusfrüchte. Die aus Asien stammende **Kaki**, die heute auch in den Mittelmeerländern angebaut wird. Sie schmeckt sehr süß und ganz entfernt nach Aprikose. Dank des intensiven Anbaus in Israel und des schnellen Transports können wir jetzt auch über frische (früher nur über getrocknete) **Datteln** verfügen. Ein süß-aromatischer Genuß. Die **Avocado**, zwar tropische Steinobstfrucht, aber auch pikant zuzubereiten, ist bei uns beinahe schon zu Hause. Wie die **Kiwis** aus Neuseeland. Eine Köstlichkeit, die fast zur Selbstverständlichkeit beim Obsteinkauf gehört. Dagegen sind die **Litschis** aus China mit ihrem zart-süßen weißen Fruchtfleisch eher rar auf unserem Markt. **Mangos** - möglichst als Einzelfrucht, also z. B. nicht mit anderen Früchten gemeinsam in Salaten zu verwenden, - haben ein intensives, äußerst charakteristisches Aroma. Die tropische **Passionsfrucht** mit dem weißen, saftigen Fleisch ist die Basis des inzwischen bei uns so beliebten Maracujasaftes und der Maracuja-Liköre. Die kräftig-aromatische **Baummelone** namens **Papaya** ist roh wie zubereitet ein Genuß. Die **Limette**, eine Art grüne Zitrone, verwenden wir gerne, weil sie mehr und milderen Saft als die Zitrone hergibt. Die Zwergorange **Kumquat** gehört zur Familie der Zitrusfrüchte. Und auf **Melonen**, ob Wasser- oder Zuckermelonen - mag heute bei uns niemand mehr verzichten. Es gibt sie fast das ganze Jahr über. Die Wassermelonen sind nicht so aromatisch, aber höchst saftreich, die Zuckermelonen sind hocharomatisch mit dem Zusatzeffekt, daß sie reich an Mineralstoffen, Vitaminen und Nährstoffen sind. Wäre noch die köstliche **Ananas** zu nennen, die seit eh und je ihren Platz auf unserem Markt hat und nun ganzjährig und preiswerter als je von der afrikanischen Elfenbeinküste zu haben ist.

Avocado

Kiwi

Kaki-Frucht

Litschi

Mango

Passionsfrucht

Papaya

Limette

Kumquat

Melone

Melone

Ananas

Hübsch garniert - hübsch serviert

Garnieren ist eigentlich die Kunst des Weglassens, d.h. Speisen niemals mit Garnierung überladen. Deshalb: Wer sparsam garniert, beweist den besseren Geschmack und läßt seinen Gästen einen Blick auf all die Köstlichkeiten offen, die sie erwartet. Die Garnierung soll das appetitliche Aussehen der Speisen unterstreichen, soll sozusagen das Tüpfelchen auf dem i sein und den zusätzlichen Hauch von Verwöhnen auf Schüssel und Teller bringen. Und weil Garnieren so einfach ist, zeigen wir Ihnen auf den Fotos ein paar Anregungen. Radieschenblüten, Tomatenrosen, Zitronenrädchen sind schnell gemacht. Damit kann einem Gericht das Krönchen aufgesetzt werden, das es für Augen und Gaumen reizvoller macht und das in keinem Fall die Speisen überlädt. Beginnen wir mit der **Butter**, die genausogut Margarine sein kann. Ganz nach Geschmack. Damit können Sie zaubern. Aber gut gekühlt muß beides sein, um sie in Form bringen zu können. Das Fett muß also fast immer aus dem Kühlschrank kommen. Zum Formen gibt es viele Möglichkeiten. Diese zum Beispiel: Mit einem Buntmesser gleichmäßige Scheiben oder Würfel schneiden und mit Petersilie anrichten.

Butter (diesmal muß sie weich sein) in eine Schüssel füllen, kühl stellen, dann mit dem Butterhobel von außen zur Mitte hin Locken ziehen, die sich in der Mitte zur Blüte formen. Mit wenig Petersilie garnieren. Fertig.

Butterkugeln: Dazu kalte Butter würfeln und diese Würfel zwischen zwei nassen, geriffelten Butter-Holzbrettchen rund formen. Wenn es zum Essen paßt, kann die Butter in Paprika edelsüß, gehackten Kräutern oder geschrotetem Pfeffer gewälzt werden.

Kräuterbutter entsteht aus weicher Butter, gemischt mit gehackten Kräutern und Gewürzen. Sie wird in Alufolie gerollt, gekühlt und dann in Scheiben geschnitten serviert. Locken sind leicht mit dem Butterhobel geformt. Buttertaler werden in Holzmodeln bereitet, die vorher 30 Minuten in kaltem

Wasser liegen müssen. Model füllen und mit dem Modelstempel herausdrücken. Sofort in Eiswasser legen. Auf Kopfsalat anrichten.

Zitronen als Garnierung einsetzen, heißt gleichzeitig, ihren Saft mit benutzen können. So können Zitronen zurechtgemacht werden: Zitronenscheiben schneiden, Ränder einkerben, Scheiben zur Mitte hin einschneiden, zwei Scheiben ineinanderstecken. Oder mit einem Spezialraspel Zitronenschalenlocken von der Schale abziehen. Oder eine Zitronenhälfte dreimal einkerben und mit Kresse füllen. Oder eingekerbte Schalenhalbmonde fertigen. Oder Zitronenscheiben mit Pastetenförmchen ausstechen, so daß sie einen hübschen Bogenrand bekommen.

Tomaten sind deshalb als Garnierung so beliebt, weil sie Speisen den roten Glanzpunkt aufsetzen. Mit Weiß (Rettich) und Grün (Kräuter) kombiniert, wirken sie noch frischer. Tomatenblüte: Die Frucht zwölfmal mit einem scharfen Messer gleichzeitig zur Mitte hin einschneiden. Die entstandenen, spitzblattförmigen Segmente ergeben eine Blüte, wenn jedes zweite Segment nach oben gebogen wird. Kresse in die Mitte geben. Fertig.

Rot-Weiß-Garnierung: Eine Tomatenhälfte auf die Schnittfläche legen, fünfmal etwa bis zur Hälfte einschneiden. Die Einschnitte mit Rettichscheiben füllen, die mit Pastetenförmchen ausgestochen wurden, so daß sie einen Wellenrand bekommen.

Mondsicheln: Tomatenviertel bis zur Mitte hin einschneiden, die Spitzen leicht auseinanderziehen, so daß eine Form wie zwei Mondsicheln entsteht.

Rosen: Feste Tomaten rundherum so schälen, daß noch etwas Fleisch an der Schale bleibt. Locker von innen nach außen einrollen und etwas nach außen zur Rose biegen. Auf glatte Petersilie legen. Tomatenrosen machen kalte Platten und Salate noch ansehnlicher, zumal dann, wenn sie mit Petersilie kombiniert werden.

Möhren: Damit läßt sich eine Menge ausrichten. Egal, ob die Scheiben roh oder

gekocht sind, nur etwas dicker müssen sie sein.
Ausgestochene Formen: Mit kleinen Ausstechformen aus rohen oder gekochten dicken Möhrenscheiben winzige Herzen, Blüten und Kleeblätter ausstechen. Für die Kalte Küche sehr reizvoll: Bei Sülzen zuerst einen Spiegel aus Aspik gießen, aus ausgestochenen, gekochten Möhrenscheiben ein Muster legen, noch etwas Aspik gießen, anziehen lassen, dann die Sülze fertigstellen. Ein paar Petersilienbüschel dazwischen sehen noch besser aus. Möhrenspiralen werden aus rohen Möhren hergestellt. Verwenden Sie möglichst dicke Wurzeln. Geschnitten werden sie mit Hilfe eines Rettichschälers und garniert mit Dillspitzen. Möhrenscheiben, schräge Rechtecke (Rauten) und Würfel können – gekocht oder roh – hübsch mit dem Buntmesser zurechtgeschnitten werden.
Ausgestochene Muster, die reinen Formen oder die Scheiben, die in der Mitte die Form zeigen, machen die gold-orangefarbenen Möhren zum beliebten Garniermittel. Sie können ruhig aus rohen Möhrenscheiben gemacht werden, wenn sie zum Beispiel einen Salat, eine kalte Platte oder eine Rohkost hübscher machen wollen. Es ist auch möglich, sie auf ungeschälte Gurkenscheiben zu legen. Ein guter Kontrast, der dadurch verstärkt wird, daß noch etwas Petersilie dazugelegt wird. Genauso können Sie übrigens mit Kohlrabi verfahren, dessen Weiß mit Kräutern aufgeputzt wird.

Beim weißen Rettich scheiden sich die nord- und süddeutschen Geister. Echte Bayern mögen ihn nur oder vorzugsweise in Scheiben geschnitten, gesalzen und damit zum „Weinen“ gebracht (er zieht Wasser) und dann serviert. Viele wollen ihn lieber als Spirale. Frisch gesalzen. Aber auch beim Garnieren machen die Bayern eine Ausnahme. Da dürfen weder die Scheiben noch die Spiralen gesalzen sein, weil sie sonst ihre Frische verlieren und unansehnlich werden. Rettich kann, in Scheiben geschnitten, diese mit der Bogenrandform ausgestochen, mit Tomatenschnitzchen oder Radieschenrosetten belegt werden. Nach Belieben die Scheiben im Wechsel mit Tomatenscheiben anlegen und zusätzlich mit Petersilie garnieren. Locke auf Salat. Hübsch sieht eine Rettichscheibe – bis zur Mitte eingeschnitten – aus, wenn sie auf einem Kopfsalatblatt angerichtet wird.

Und dann die lange Rettichspirale! Um sie schneiden zu können, brauchen Sie den Rettich-Spiralschneider, den es in Haushaltsfachgeschäften gibt. Wie er gehandhabt wird, steht gewöhnlich auf der Packung. Jedenfalls wird der Spieß mit der Spirale ins dicke Ende des Rettichs gesteckt. Mit einem Messer, das an der Spirale befestigt ist, wird dann die Form bis zum spitzen Ende des Rettichs geschnitten. Die Spirale wird – auseinandergezogen und auf Sellerieblätter gelegt – auf Platten gelegt.

Radieschen gehörten schon zu Großmutters Zeiten zum bevorzugten Garniergemüse. Ihre rote Schale und ihr weißer Kern machen sie so beliebt, weil sie so frisch aussehen.

In Scheiben geschnitten und schuppenförmig als Rand angelegt, bilden sie die einfachste Garnierung.

Blüten: Nicht schwer, die Radieschen achtmal auszuzacken, in die Mitte ein bißchen Petersilie anzulegen und damit eine Blüte zu zaubern. Oder sie nur viermal zu einer einfacheren Blüte auszacken, von denen mehrere – in ein Schüsselchen gefüllt – als Zusatzschmaus und Garnierung auf eine Platte gestellt werden. Dann sind da noch die Radieschenrosen: Die rote Schale bis fast zur Wurzel hin spitzblättrig schneiden oder nur bis zur Mitte hin etwas runder einschneiden und auseinanderbiegen. Wichtig ist nur, daß nach dem Schnitt die Radieschen – alle hier angeführten Garnierungen – in Eiswasser gelegt werden, damit sie erst richtig aufblühen.

Weitere Radieschen-Blüten: Viermal von oben nach unten zur Mitte hin einschneiden, so daß vier zusammenhängende Viertel entstehen. Jedes Viertel außen nochmal halbrund einkerben, in kaltes Wasser legen. Bei rustikalen Platten einfach geputzte Radieschen, noch mit gestutzten Stielen dran, rund um ein Salzfäßchen auf den Platten anrichten. Die Radieschen können zum Verzehr am Stiel angefaßt, in Salz getaucht und gegessen werden. Köstlich zum Beispiel zu Leberwurst-Broten.

Woran Sie denken sollten: Vorrat für Überraschungsgäste

Es kommt ja nicht selten vor, daß Überraschungsgäste ins Haus schneien. Und seien es nur die besten Freunde, die eben mal auf einen Sprung hereinschauen und denen trotzdem etwas Gutes angeboten werden soll. Auf kaltem Wege. Ein haltbarer Vorrat sollte deshalb immer vorhanden sein. Für alle Fälle. Hier ist eine Liste der Lebensmittel, die Ihnen helfen, rasch sogar, ein Kaltes Büfett zu arrangieren. Daß Sie dabei auch auf Konserven zurückgreifen müssen, ist selbstverständlich. Wenn's etwas frischer zugehen soll, greifen Sie ins Gefriergerät, das Sie ohnehin für den Vorrat nutzen. Wir geben Ihnen aber mit dieser Aufstellung nicht etwa den stillen Befehl, nun alles zu besorgen, was wir hier vorschlagen. Es soll eine Auswahl sein, die Sie nach Ihren Bedürfnissen aussuchen können. Was Sie davon zusätzlich zu Ihrem Vorrat beschaffen wollen, müssen wir Ihnen selbstverständlich überlassen. Ein Teil davon genügt ja auch schon, um damit Überraschungsgästen ein Überraschungsessen zu bereiten.

Im Vorratsschrank könnten lagern: Nudeln, Reis, Knäckebrot, Kräckers, Chips, Gebäck in Packungen, Kaffee, Tee, Nüsse, Delikateßsoßen (Schaschlik-, Meerrettich-, Barbecuesoße), Tomaten- und Curry-Ketchup, Tomatenmark, Mayonnaise, Remoulade, Senf, Meerrettich, Soja- und Worcestersauce, Dosenmilch, H-Milch und H-Sahne, Käse in Dosen.

An Konserven könnten vorhanden sein: Gemüse in Dosen nach Ihrer Wahl, feinsauer eingelegte Sorten wie Gurken und Mixed Pickles, Oliven, Dosenschinken, Geflügel, Sülze, Corned-beef, Fleisch- und Wurstkonserven, Fischkonserven wie Krabben und Ölsardinen, schließlich noch Obst und – wenn Sie wollen – Suppen.

Im Kühlschrank wäre gut ein Vorrat an Eiern, Butter, Milch, länger haltbare Wurst, Schnittkäse, Sahne, Crème fraîche, Joghurt, Quark, Fertigdessert, Joghurtzubereitungen und vacuumverpackte Wurst- und Fleischwaren.

Im Gefriergerät, Ihrer besten Vorratskammer, kann praktisch alles lagern. Vom frischen bis zum zubereiteten Gemüse, Frischfleisch und Bratenscheiben, Ihr Vorrat an frischem Brot (bitte noch warm einfrieren, dann schmeckt's besser), Sahne, Butter, Frischwurst in Scheiben, alles aus dem Tiefkühl-Angebot, Krabben und Meeresfrüchte anderer Art, Räucherlachs, Geflügel, Wild, ja sogar Hummer, Langusten und Krebse. Obst und Eiscreme sowieso. Ein Teil von alldem, was wir hier aufgeführt haben, ist ohnehin in fast jedem Haushalt vorhanden. Und auffüllen können Sie Ihren Vorrat ja, wie Sie es für richtig halten.

Bleiben noch die Getränke: Fast alle, bis auf Wein, sind problemlos zu lagern. Spirituosen wie Weinbrand, Gin, Whisky und Liköre im Vorratsschrank oder in der Hausbar. Bier, Sekt und Schnäpse kommen in den Kühlschrank. Bier kann auch im Keller lagern. Wein muß im Keller lagern. Limonade und Mineralwasser hat im Kühlschrank wie im Keller Platz. Es liegt an Ihnen, zu entscheiden, wieviel Sie lagern wollen.

Ein guter Rat zum Schluß: Vorräte immer wieder erneuern. Also frisch Gekauftes in den Vorrat legen und länger Gelagertes verbrauchen, damit nichts alt wird und an Qualität verliert.

Wie Gäste bewirtet werden – wie sich der Gast bedient

Seine Gäste ohne den Begrüßungsdrink willkommen zu heißen oder ein Essen ohne den Apéritif zu eröffnen, ist heutzutage beinahe schon nicht mehr möglich. Die Drinks: Sekt pur oder mit Orange, Sherry, ein Cocktail. Dazu können auch ein paar Häppchen serviert werden. Zum Beispiel Canapés. Ein Geheimtip, Menschen näher zu bringen, die ein bißchen fremdeln: Es ist das Gläschen Klarer, Kümmelschnaps oder Wodka. Mehr als eines Glases bedarf es meist nicht, um die Zungen zu lösen und den Grundstein für einen gelungenen Abend zu legen.
Wenn dann ein Essen hinzukommt, das Gaumen und Augen erfreut, kann nichts mehr schief gehen. Wer nun noch über Personal verfügt, das bedienen kann, braucht sich um den weiteren Verlauf keine Gedanken zu machen. Das geht dann alles wie am Schnürchen. Aber wer verfügt schon über diese hilfreichen Menschen? Also bedienen wir unsere Gäste selbst. Und das sollten wir uns so einfach wie möglich machen. Was die Kalte Küche schon garantiert. Denn sie macht in der Vorbereitungszeit mehr Arbeit; es bedient sich ja praktisch jeder selbst.
Kaltes Essen soll auf dem Tisch stehen, wenn die Gäste eintreffen, das Kalte Büfett muß fertig sein, die Platten fürs Sektfrühstück bereitstehen. Daß Tisch oder Tische gedeckt sind, versteht sich von selbst. Auf diese Weise können die Dame des Hauses und der Hausherr dem Fest gelassen entgegensehen und unbelastet mit ihren Gästen den Abend genießen. Außer, daß für Getränke und eventuell auch für Essennachschub gesorgt werden muß.
Ein Wort zwischendurch zum vorbildlich gedeckten Tisch: Das Tischtuch muß untadelig sein, der Blumenschmuck flach, damit sich die Gäste nicht durch die Blume unterhalten müssen, die sich gegenübersitzen. Farblich sollten Tischtuch, Blumen und Geschirr aufeinander abgestimmt sein. Hat das Geschirr nur von einem Blickpunkt aus erkennbares Dekor, also zum Beispiel einen Blumenstrauß, dann wird es selbstverständlich so eingedeckt, daß der Gast den Strauß natürlich und nicht auf dem Kopf stehend sieht. Die Servietten gehören auf die eingedeckten Teller, das Besteck wird in der Reihenfolge des Gebrauchs von außen nach innen zum Tellerrand hin gelegt. Rechts die Messer, links die Gabeln. Die Löffel liegen gewöhnlich oberhalb des Tellers, in der Reihenfolge des Gebrauchs von oben nach unten zum Teller hin. Die Gläser stehen rechts oben am Teller. In der Reihenfolge des Gebrauchs von außen rechts nach links in Richtung Tischmitte.
Es kann losgehen. Ob Kalte Platten, Kaltes Büfett oder Sektfrühstück oder auch Schnittchen. Auch in der Kalten Küche gilt die klassische Menüfolge: Zuerst Fisch, dann Fleisch (oder Wurst oder Schinken), Gemüse und/oder Salate, Käse und schließlich Obst oder Dessert.
Der Gast bedient sich also selbst. Und genau in der Reihenfolge, die wir eben genannt haben. Egal, ob von den auf dem Tisch servierten Speisen oder vom Kalten Büfett, vom Canapé- oder Schnittchenteller. Daß am Tisch erst zu essen begonnen wird, wenn sich alle bedient haben, sollte selbstverständlich sein und wird nur der Vollständigkeit halber erwähnt.
Übrigens: Mokka und Verdauungsschlückchen (Digestif) servieren Hausfrau und Hausherr persönlich. Sie sind meist das Signal zum Aufbruch, falls nicht ehrlich gebeten wird, das Fest noch in gemütlicher Runde ausklingen zu lassen.

Cocktails

Obst-Cocktail mit Shrimps

(Abb. S. 36/37)

1 Apfelsine	schälen, von der weißen Haut befreien, filieren, enthäuten
1 Banane	schälen, in Scheiben schneiden
1 Apfel	schälen, vierteln, entkernen, in Streifen schneiden
etwa 300 entsteinte Sauerkirschen	
etwa 150 g Shrimps	
	für die Cocktailsoße
1 Becher (150 g) Joghurt	mit
1 Eßl. Zitronensaft	verrühren, mit
Salz	
frisch gemahlenem weißem Pfeffer	würzen
30 g abgezogene, gehobelte Mandeln	unterrühren
	Muschelschalen oder Cocktailgläser mit
gewaschenen Salatblättern	auslegen, die Cocktailzutaten darauf anrichten, mit
Zitronenscheiben (unbehandelt)	
Dill	garnieren.
Beigabe:	Toast, Butter.

Exotischer Frucht-Cocktail

	Von
4 kleinen Netzmelonen	das obere Drittel abschneiden, die Melone entkernen, aushöhlen, das Fruchtfleisch in Würfel schneiden, den Rand der unteren Fruchtschale zackenförmig einschneiden
225 g Lychees (aus der Dose)	
225 g Mango (aus der Dose)	
150 g gewürfelte Kumquats (aus dem Glas)	
	die Zutaten abtropfen lassen, Mango in Würfel schneiden, mit den übrigen Früchten vermengen
	für die Cocktailsoße
	den Saft von
1 Zitrone	mit
2 Eßl. Kirschlikör	
4 Eßl. Weinbrand oder Kirschwasser	

1–2 Eßl. gesiebtem Puderzucker	
1/2 Päckchen Vanillin-Zucker	verrühren, über die Früchte gießen, zugedeckt mindestens 1 Stunde kalt stellen
Wassereis-Würfel (aus dem Gefrierfach)	in kleine Stücke zerstoßen, in flache Schalen füllen, darauf die Melonenschalen setzen die Frucht-Mischung vorsichtig umrühren, ohne Saft in die Melonen füllen, nach Belieben mit
Lychees **Kumquats** **halbierten, kandierten Kirschen**	garnieren.
Beigabe:	Teegebäck, Löffelbiskuits.

Champignon-Cocktail

200 g gedünstete Champignons	in dünne Scheiben schneiden
200 g gekochtes, enthäutetes Hühnerfleisch	in kleine Stücke schneiden die Zutaten vermengen (etwas zum Garnieren zurücklassen), mit
Salz **Pfeffer** **Zucker** **Zitronensaft**	würzen
	für die Cocktailsoße
1 Eigelb	mit
1 Teel. Senf **1 Teel. Essig oder Zitronensaft** **Salz** **1 Teel. Zucker**	zu einer dicklichen Masse schlagen
125 ml (1/8 l) Salatöl	nach und nach unterschlagen
60 g Doppelrahm-Frischkäse	mit einer Gabel zerdrücken, mit
3 Eßl. saurer Sahne	unter die Mayonnaise rühren, mit
Selleriesalz	würzen 4 Cocktailgläser mit
gewaschenen Salatblättern	auslegen, die Cocktailzutaten darauf anrichten, die Soße darüber geben den Cocktail mit den zurückgelassenen Zutaten garnieren.
Beigabe:	Stangenweißbrot, Butter.

Broccoli-Cocktail

(Abb. nebenstehend)

	Von
etwa 250 g Broccoli	die Blätter entfernen, die Stengel am Strunk schälen, bis kurz vor den Röschen kreuzförmig einschneiden, den Broccoli waschen, in
kochendes Salzwasser	geben, zum Kochen bringen, 8-10 Minuten kochen, abtropfen, erkalten lassen, kleinschneiden (einige Röschen zum Garnieren zurücklassen)
3 Tomaten	kurze Zeit in kochendes Wasser legen (nicht kochen lassen), in kaltem Wasser abschrecken, enthäuten, die Stengelansätze herausschneiden, die Tomaten in Würfel schneiden
125 g Camembert	in Würfel schneiden
	für die Cocktailsoße
1 Becher (150 g) Crème fraîche	mit
2-3 Eßl. Pernod	verrühren, mit
Salz, Pfeffer	würzen
	4 Cocktailgläser mit
gewaschenen Salatblättern	auslegen, die Cocktailzutaten darauf anrichten, mit der Soße übergießen
	den Cocktail mit den zurückgelassenen Broccoliröschen,
gehackten Pistazienkernen	garnieren.
Beigabe:	Stangenweißbrot, Butter.

Spargel-Cocktail Hawaii

Etwa 250 g tiefgekühlte Shrimps	auftauen lassen
500 g gekochten Spargel	in etwa 3 cm lange Stücke schneiden
2 Apfelsinen	halbieren, aushöhlen, die Schalen aufbewahren, das Apfelsinenfleisch in kleine Stücke schneiden
	für die Cocktailsoße
5 Eßl. Mayonnaise (Rezept S. 196)	mit
2 Eßl. Sahne	
1 Eßl. Sherry	verrühren, mit
Salz, Pfeffer	
Zucker	
Zitronensaft	würzen, mit den Cocktailzutaten vermengen
	den Cocktail in den vier ausgehöhlten Apfelsinenhälften anrichten.
Beigabe:	Toast, Butter.

Geflügel-Cocktail

(8–10 Portionen)

200 g gekochtes, enthäutetes Hühnerfleisch	in feine Streifen schneiden
100 g gekochten Spargel	in etwa 2 cm lange Stücke schneiden die Zutaten vermengen (etwas zum Garnieren zurücklassen), mit
Salz **Zucker** **Zitronensaft**	würzen
	für die Mayonnaise
1 Eigelb	mit
1–2 Teel. Senf **Salz** **1–2 Eßl. Essig oder Zitronensaft**	zu einer dicklichen Masse schlagen
125 ml (1/8 l) Salatöl	nach und nach unterschlagen
2 Eßl. gedünstete Pfirsichstückchen	unterrühren 4 Cocktailgläser mit
gewaschenen Salatblättern	auslegen, die Cocktailzutaten darauf anrichten, die Mayonnaise darüber geben den Cocktail mit den zurückgelassenen Zutaten garnieren.
Beigabe:	Toast.

Staudensellerie-Cocktail

500 g Staudensellerie	putzen, harte Fäden an der Außenseite der Stengel abziehen, die Stengel waschen, in feine Streifen schneiden
200 g Emmentaler Käse **100 g gekochten Schinken**	beide Zutaten in kleine Würfel schneiden
	für die Cocktailsoße
2 Becher (je 150 g) Crème fraîche	verrühren, mit
Zitronensaft **Worcestersauce** **Salz** **Cayennepfeffer**	würzen, mit den Cocktailzutaten vermengen den Cocktail in vier Cocktailgläsern anrichten, mit
abgezogenen, gehobelten, gebräunten Mandeln	bestreuen, mit
Brunnenkresse	garnieren.
Beigabe:	Stangenweißbrot, Butter.

Hummer-Cocktail Loren

Etwa 450 g gekochtes Hummerfleisch	in mundgerechte Stücke zerpflücken
2 Tomaten	kurze Zeit in kochendes Wasser legen (nicht kochen lassen), in kaltem Wasser abschrecken, enthäuten, die Stengelansätze herausschneiden, das Innere aushöhlen, die Tomaten in Streifen schneiden
etwa 170 g Maiskörner (aus der Dose)	abtropfen lassen
12 spanische Oliven, mit Paprika gefüllt	in Scheiben schneiden
	für die Cocktailsoße
1 Becher (150 g) Joghurt	verrühren, mit
Salz, Pfeffer	würzen
1 Eßl. gemischte, gehackte Kräuter	unterrühren die Cocktailzutaten in 4 Gläsern anrichten, mit der Soße übergießen den Cocktail mit
Dillzweigen	garnieren.
Beigabe:	Toast, Butter.

Melonen-Cocktail

1 Honigmelone	halbieren, entkernen, aus dem Melonenfleisch mit einem Kartoffelausstecher Kugeln ausstechen oder die Melone aushöhlen, das Melonenfleisch in Würfel schneiden, mit
Zucker	bestreuen, mit
Zitronensaft	beträufeln
125 g rohen Schinken	in feine Streifen schneiden
	für die Mayonnaise
1 Eigelb	mit
1–2 Eßl. Essig oder Zitronensaft	
Salz	zu einer dicklichen Masse schlagen
125 ml (1/8 l) Salatöl	nach und nach unterschlagen
3–4 Eßl. Tomaten-Ketchup	unterrühren 4 Cocktailgläser mit
gewaschenen Salatblättern	auslegen, die Cocktailzutaten darauf anrichten, die Mayonnaise darüber geben den Cocktail mit
Zitronenmelisse	garnieren.

Rindfleisch-Cocktail Gutsherren-Art

(Abb. nebenstehend)

200 g gekochtes Rindfleisch	in kleine Stücke schneiden
2 Gewürzgurken	in feine Würfel schneiden
4 hartgekochte Eier	pellen, achteln
1 Zwiebel	abziehen, in Scheiben schneiden, in Ringe teilen
100 g magere, rohe Schinkenscheiben	
2 Eßl. Kapern	
	die Zutaten mit
4 Eßl. feingeschnittenem Schnittlauch	vermengen, mit
Salz, Zucker	
Worcestersauce	würzen
	für die Cocktailsoße
125 ml (1/8 l) saure Sahne	mit
4 Eßl. Mayonnaise	
2 Eßl. Senf	verrühren
90 g deutschen Kaviar	unterrühren (etwas zum Garnieren zurücklassen)
	4 Cocktailgläser mit
gewaschenen Salatblättern	auslegen, die Cocktailzutaten darauf anrichten, mit der Soße übergießen
	den Cocktail mit dem Kaviar garnieren, mit
feingeschnittenem Schnittlauch	bestreuen.

Thunfisch-Cocktail

Etwa 300 g Thunfisch (aus der Dose)	abtropfen lassen, zerpflücken
3 Schalotten	abziehen, fein würfeln
1 Eßl. Kapern	
	für die Cocktailsoße
1 Becher (150 g) Crème fraîche	mit
1 Eßl. Senf	verrühren, mit
Worcestersauce	
Knoblauchsalz	
Zucker	würzen
1 Eßl. gehackten Dill	unterrühren
	4 Cocktailgläser mit
gewaschenen Salatblättern	auslegen, die Cocktailzutaten darauf anrichten, mit der Soße übergießen.
Beigabe:	Weißbrot, Kräuterbutter.

Radicchio-Spargel-Cocktail

500 g gekochten Spargel in etwa 3 cm lange Stücke schneiden
1 rote Zwiebel abziehen, halbieren, in dünne Scheiben schneiden
100 g Champignons putzen, waschen, in Scheiben schneiden
von
etwa 300 g Radicchio die Wurzelenden abschneiden, die welken Blätter entfernen, die anderen auseinanderpflücken (größere Blätter teilen), gründlich waschen, gut abtropfen lassen, vier Cocktailgläser damit auslegen
die übrigen Cocktailzutaten darauf anrichten

für die Cocktailsoße
3 Eßl. Olivenöl mit
3 Eßl. Zitronensaft verrühren, mit
Salz, Pfeffer würzen, über die Cocktailzutaten geben
den Cocktail mit
Dillzweigen garnieren.
Beigabe: Toast, Butter.

Hummer-Cocktail

Etwa 140 g gekochtes Hummerfleisch in kleine Stücke zerpflücken
3 Eßl. gedünstete Champignonscheiben
etwa 150 g Ananasfleisch (von 1/2 kleinen Ananas) in kleine Stücke schneiden

für die Cocktailsoße
1 Eigelb mit
1–2 Teel. Senf
1 Teel. Essig oder Zitronensaft
Salz
1 Teel. Zucker zu einer dicklichen Masse schlagen
125 ml (1/8 l) Salatöl nach und nach unterschlagen
4 Eßl. Sahne mit
1 Eßl. Sherry unterrühren, mit Salz,
Zucker abschmecken
4 Cocktailgläser mit
gewaschenen Salatblättern auslegen, die Cocktailzutaten darauf anrichten, die Soße darüber geben
den Cocktail mit
Hummerfleisch
Petersilie garnieren.

Vorspeisen

Marinierte Gemüse-Platte mit Avocado-Creme

(Abb. S. 48/49)

250 g Champignons	putzen, waschen von
375 g Broccoli	die Blätter entfernen, die Stengel am Strunk schälen, bis kurz vor den Röschen kreuzförmig einschneiden, den Broccoli waschen
4–6 Stengel Staudensellerie (etwa 250 g)	putzen, harte Fäden an der Außenseite der Stengel abziehen, die Stengel waschen, in etwa 5 cm lange Stücke schneiden
2–3 Stangen Porree (etwa 300 g)	putzen, das dunkle Grün bis auf etwa 10 cm entfernen, die Stangen gründlich waschen, in 2–3 cm große Stücke schneiden
2 große Möhren	putzen, schrappen, waschen, längs in dünne Scheiben schneiden
1–2 rote Paprikaschoten (etwa 250 g)	halbieren, entstielen, entkernen, die weißen Scheidewände entfernen, die Schoten waschen, in etwa 1 cm breite Streifen schneiden
2–3 kleine Fenchelknollen (etwa 500 g)	putzen, waschen, vierteln oder sechsteln das Gemüse nacheinander in
kochendes Salzwasser	geben, zum Kochen bringen, das Wasser zwischendurch einmal erneuern, beim Kochen des Fenchels
2 Eßl. Zitronensaft	in das Wasser geben das Gemüse gut abtropfen lassen, in die Fettfangschale legen
	für die Marinade
1 Zwiebel	abziehen, fein würfeln
1–2 Knoblauchzehen	abziehen, zerdrücken beide Zutaten mit
4 Eßl. Salatöl	
4 Eßl. Weißwein-Essig	verrühren, mit
Salz	
Pfeffer	
Zucker	würzen, über das Gemüse geben die Marinade ab und zu in einer Ecke der Fettfangschale zusammenfließen lassen, erneut über das Gemüse verteilen, einige Stunden durchziehen lassen
Kochzeit für die Champignons:	Etwa 1 Minute
für den Broccoli:	Etwa 3 Minuten, dicke Stengel etwa 5 Minuten
für den Staudensellerie:	Etwa 1 Minute

für den Porree:	2–3 Minuten
für die Möhren:	3–5 Minuten
für die Paprikaschoten:	Etwa 1 Minute
für den Fenchel:	Etwa 7 Minuten
	für die Avocado-Creme
1 reife Avocado	schälen, halbieren, entsteinen, das Fruchtfleisch pürieren oder mit einer Gabel zerdrücken, mit
1 Eßl. Zitronensaft	beträufeln, mit
1 Becher (150 g) Crème fraîche	
1 Becher (150 g) Joghurt	gut verrühren
1 Knoblauchzehe	abziehen, durchpressen, zu der Avocado-Creme geben
1 Eßl. gehackte Petersilie	
1 Eßl. gehackten Dill	
1 Eßl. feingeschnittenen Schnittlauch	unterrühren
	die Avocado-Creme mit
Zitronensaft	
Zwiebelsalz	
Salz	
Pfeffer	
Zucker	würzen
	das Gemüse auf einer großen Platte anrichten, mit
Petersilie	garnieren, die Avocado-Creme dazureichen.
Beigabe:	Kleine Brötchen oder Stangenweißbrot, Butter.

Vorspeisen-Teller Forellenhof

	Von
1/2 kleinen Endivie	Wurzeln und äußere Blätter abschneiden
	von
1 kleinen Chicorée	die welken Blätter entfernen, den Strunk keilförmig herausschneiden
	Endivie und Chicorée gründlich waschen, gut abtropfen lassen
1 Apfelsine (unbehandelt)	waschen, abtrocknen, in 4 Scheiben schneiden, mit den Salatblättern auf 4 Desserttellern anrichten
4 geräucherte Forellenfilets	enthäuten, auf die Salatblätter legen, mit
Zitronensaft	beträufeln
4 Teel. Meerrettich (aus dem Glas)	neben die Forellenfilets auf den Salat geben
4 Eßl. Crème fraîche	mit
1–2 Eßl. feingehacktem Dill	verrühren, mit
Salz, Pfeffer, Zitronensaft	abschmecken, über die Forellenfilets verteilen.
Beigabe:	Toast.

Weinbergschnecken

(Abb. nebenstehend)

	Die Schneckenhäuser von
24 Schnecken (aus der Dose)	in heißem Wasser waschen, abtropfen lassen je 1/2 Teel. von der Schnecken-Flüssigkeit in die Schneckenhäuser füllen, die Schnecken hineingeben
60–80 g weiche Butter	geschmeidig rühren
1/2 Zwiebel **1 Knoblauchzehe** **2 Schalotten**	die drei Zutaten abziehen, fein hacken, mit
1–2 Eßl. gehackter Petersilie	zu der Butter geben, gut verrühren, mit
Salz, Pfeffer	würzen die Kräuterbutter in die Schneckenhäuser geben, in flache, feuerfeste Schalen (mit Salz gefüllt) oder in Schneckenpfannen setzen, auf dem Rost in den vorgeheizten Backofen schieben
Strom:	225–250
Gas:	5–6
Dünstzeit:	10–15 Minuten.
Veränderung:	Anstelle von Zwiebel und Schalotten Frühlingszwiebeln verwenden.

Krabben im Näpfchen

(6 Portionen)

300 g frische gepulte Nordseekrabben	mit der
Schale von 1 Zitrone (unbehandelt) **3 Eßl. Zitronensaft** **2 Eßl. feingehacktem Dill** **3 Eßl. Sherry medium**	verrühren, mit
Pfeffer	würzen die Krabben zugedeckt etwa 1 Stunde durchziehen lassen, ab und zu umrühren (die Zitronenschale herausnehmen), in 6 kleine flache Förmchen (Durchmesser etwa 8 cm) füllen, etwas festdrücken
200 g Butter	zerlassen (darf nicht schäumen), über die Krabben gießen, bei Zimmertemperatur erkalten lassen die Portionen mit
Dillzweigen **Zitronenscheiben (unbehandelt)**	garnieren.
Beigabe:	Heißer Toast.

Sellerie-Törtchen

8 gekochte Sellerieschelben	mit einem Ring oder Glas (Durchmesser etwa 8 cm) ausstechen, damit sie noch appetitlicher aussehen
	die Scheiben mit
Zitronensaft	beträufeln, mit
Salz	bestreuen
1 hartgekochtes Ei	pellen
1 große Gewürzgurke	
100 g gekochter Schinken	
100 g gekochter Sellerie	
	die vier Zutaten in kleine Würfel schneiden
	für die Mayonnaise
1 Eigelb	mit
1–2 Teel. Senf	
1 Eßl. Essig oder Zitronensaft	
Salz	
1 Teel. Zucker	zu einer dicklichen Masse schlagen
125 ml (1/8 l) Salatöl	nach und nach unterschlagen, mit den gewürfelten Zutaten vermengen
	den Salat auf den Sellerieschelben verteilen
	die Törtchen auf
marinierten Salatblättern	anrichten, mit
Petersilie	garnieren.
Veränderung:	Anstelle der Mayonnaise eine Salatsoße verwenden aus: 3 Eßl. Salatöl, 1–2 Eßl. Zitronensaft, etwas Salz, etwas Zucker.

Avocados mit Krabben

2 reife Avocados	waschen, abtrocknen, längs halbieren, entsteinen, das Fruchtfleisch bis auf einen etwa 1/2 cm breiten Rand herauslösen, in kleine Stücke schneiden, mit
1 Eßl. Zitronensaft	beträufeln
	für die Soße
1 Eßl. Butter	zerlassen, mit
2 Eßl. Crème fraîche	
1 Eßl. Milch	
1 Teel. feingehacktem Dill	verrühren, mit
Salz	
Pfeffer	
Zucker	
Zitronensaft	
Worcestersauce	würzen

	für die Füllung
3 mittelgroße Tomaten	waschen, abtrocknen, die Stengelansätze herausschneiden, die Tomaten halbieren, entkernen, in kleine Würfel schneiden
100 g frische gepulte Krabben oder Shrimps	mit den Avocadostückchen und Tomatenwürfeln unter die Soße rühren die Füllung etwas durchziehen lassen die Avocadohälften mit
Zwiebelsalz	ausstreuen, die Füllung hineingeben die Avocadohälften auf
gewaschenen Salatblättern	anrichten, mit
Zitronenscheiben (unbehandelt) Dillzweigen	garnieren.
Beigabe:	Stangenweißbrot oder Toast.
Veränderung:	Die Soße über die Füllung verteilen.

Melone mit Geflügel-Salat

(Etwa 8 Portionen)

1 Wassermelone	waschen, abtrocknen, längs halbieren, jede Hälfte in 4 gleiche Schiffchen schneiden das Fruchtfleisch mit einem Löffel so aus der Schale lösen, daß ein etwa 1 cm breiter Rand in der Schale bleibt das ausgelöste Melonenfleisch entkernen, in kleine Stücke schneiden, gut abtropfen lassen die Melonen-Schiffchen kalt stellen
250 g gekochtes Geflügelfleisch	evtl. enthäuten, in kleine Stücke schneiden
250 g Champignons	putzen, waschen, in dünne Scheiben schneiden
1 Eßl. Butter	zerlassen, die Champignonscheiben darin etwa 10 Minuten dünsten lassen, mit
Salz, Pfeffer Zitronensaft	würzen, erkalten lassen, mit dem Melonen- und Geflügelfleisch,
2 Eßl. Salatmayonnaise	vermengen den Salat auf die gut gekühlten Melonen-Schiffchen verteilen, mit
Petersilie	garnieren.
Veränderung:	Die Salatzutaten mit einigen Tropfen Worcestersauce oder Tabasco würzen, bevor die Mayonnaise untergehoben wird.

Matjesfilet Bornholm

(Abb. nebenstehend)

1 säuerlichen Apfel	schälen, mit einem Apfelausstecher das Kerngehäuse ausstechen den Apfel in 4 Scheiben schneiden
100 ml Weißwein	erhitzen, die Apfelscheiben darin fast weich dünsten (sie dürfen nicht zerfallen), in dem Weißwein erkalten, abtropfen lassen, auf eine Platte legen
4 Matjesfilets	aufrollen, jeweils hochkant auf einer Apfelscheibe anrichten von
4 Eßl. Preiselbeeren (aus dem Glas)	jeweils 1 Eßl. in jedes Matjes-Röllchen geben
1 Becher (150 g) Crème fraîche	mit etwas von der Weißwein-Flüssigkeit verrühren, kurz vor dem Servieren über die Matjesfilets verteilen die Matjesfilets Bornholm mit
Dill	garnieren.
Beigabe:	Graubrot, Butter.

Hummer-Schnitten

40 g Butter	geschmeidig rühren
10 g Echte Hamburger Krebssuppe (Extrakt)	unterrühren
4 Scheiben Weißbrot (am besten Toastbrot)	nach Belieben toasten, mit der Butter bestreichen
2 hartgekochte Eier	pellen, hacken, mit
1 gehäuften Eßl. Salatmayonnaise	
1 gehäuften Eßl. Crème fraîche	verrühren, mit
Salz frisch gemahlenem weißem Pfeffer Zucker	würzen
etwa 150 g Hummerfleisch (aus der Dose)	in Stücke zerpflücken die Eier-Mayonnaise auf die Toastscheiben geben, das Hummerfleisch darauf verteilen die Hummer-Schnitten auf
gewaschenen Salatblättern	anrichten, mit
Zitronenscheiben (unbehandelt) Petersilie oder Dillzweigen	garnieren.

Räucherlachs auf Zitronen-Bohnen mit Dill-Creme

(Abb. nebenstehend)

500 g Prinzeßbohnen	evtl. abfädeln, waschen, in
wenig kochendes Salzwasser	geben, zum Kochen bringen, in etwa 15 Minuten gar dünsten, erkalten lassen
	für die Salatsoße
1 kleine Zwiebel	abziehen, fein würfeln, mit
2 Eßl. Salatöl	
2 Eßl. Zitronensaft	verrühren, mit
Salz, Pfeffer	
Zucker	würzen, mit den Bohnen vermengen den Salat gut durchziehen lassen, mit Salz, Pfeffer, Zucker,
Zitronensaft	abschmecken, auf vier Teller verteilen auf jede Portion 1/4 von
200 g Räucherlachsscheiben	anrichten, mit
Zitronenscheiben (unbehandelt)	garnieren
1 Becher (150 g) Crème fraîche	anschlagen
abgeriebene Schale von 1/2 Zitrone (unbehandelt)	
1 Eßl. gehackten Dill	unterrühren, mit Salz, Pfeffer würzen die Masse in einen Spritzbeutel mit Lochtülle füllen, auf die Zitronenscheiben spritzen die Portionen mit
Dill	garnieren.
Beigabe:	Toast.

Staudensellerie mit Roquefort

3–4 Stengel Staudensellerie (etwa 200 g, ohne Grün)	putzen, harte Fäden an der Außenseite der Stengel abziehen, die Stengel waschen, abtrocknen, auf einer Platte anrichten, mit
Salz	bestreuen, mit
Zitronensaft	beträufeln
100 g Roquefort-Käse	mit einer Gabel zerdrücken
2–3 Eßl. Sahne	nach und nach unterrühren, so lange rühren, bis eine geschmeidige Masse entstanden ist die Masse auf die Stengel spritzen.

Gefüllte Tomaten-Körbchen

4 große Tomaten waschen, abtrocknen, quer halbieren, aushöhlen

1 grüne Paprikaschote halbieren, entstielen, entkernen, die weißen Scheidewände entfernen, die Schote waschen, in Streifen schneiden, in

250 ml (1/4 l) kochendes Salzwasser geben, zum Kochen bringen, etwa 5 Minuten kochen, abtropfen, erkalten lassen

250 g Schweinebraten (als Aufschnitt)
75 g gekochter Schinken
beide Zutaten in Streifen schneiden

für die Salatsoße
2 Eßl. Salatmayonnaise mit
2 Eßl. Joghurt
1–2 Eßl. Essig verrühren, mit
Salz, Pfeffer würzen, mit den Salatzutaten vermengen
den Salat gut durchziehen lassen, in die Tomatenhälften füllen
die Tomaten-Körbchen auf einer Platte anrichten.

Gemüse-Teller Kristin

1 Zwiebel abziehen, würfeln

2 Paprikaschoten (etwa 300 g, rot und grün) halbieren, entstielen, entkernen, die weißen Scheidewände entfernen, die Schoten waschen, in Streifen schneiden

5 Eßl. Olivenöl erhitzen, die Zwiebelwürfel darin andünsten, die Paprikastreifen hinzufügen, 10–15 Minuten mitdünsten lassen
von

etwa 500 g kleinen Zucchini die Enden abschneiden, die Zucchini schälen oder waschen, in Scheiben schneiden

3 Tomaten kurze Zeit in kochendes Wasser legen (nicht kochen lassen), in kaltem Wasser abschrecken, enthäuten, die Stengelansätze herausschneiden, die Tomaten vierteln
Zucchinischeiben, Tomatenviertel zu dem Paprikagemüse geben, etwa 10 Minuten mitdünsten lassen
das gare Gemüse mit

Salz
Pfeffer
gerebeltem Majoran würzen, kalt stellen
200 g Schweizer Käse in kleine Würfel schneiden, unter das Gemüse heben, mit Salz, Pfeffer abschmecken, auf einem Teller anrichten.

Porree mit sauce vinaigrette

10 Stangen Porree	
(etwa 1 kg)	putzen, das dunkle Grün bis auf 10 cm entfernen, die Stangen längs einschneiden, gründlich waschen, in
1 l kochendes Salzwasser	geben
1 Knoblauchzehe	abziehen, hinzufügen, die Porreestangen zum Kochen bringen, 12–15 Minuten kochen, abtropfen, erkalten lassen, auf einer Platte anrichten
	für die sauce vinaigrette
3 Eßl. Salatöl	mit
2 Eßl. Weißwein-Essig	
1 Teel. Senf	verrühren, mit
Salz	
frisch gemahlenem	
schwarzem Pfeffer	würzen
2 Eßl. feingeschnittenen	
Schnittlauch	unterrühren die sauce vinaigrette über die Porreestangen gießen, 1–2 Stunden durchziehen lassen
1–2 hartgekochte Eier	pellen, hacken, kurz vor dem Servieren über die Porreestangen streuen.

Spargel mit abgeschlagener Soße

Etwa 300 g gekochte	
Spargelspitzen	abtropfen lassen, warm stellen
50 g Butter	zerlassen
4 Scheiben Weißbrot	
(am besten Toastbrot)	von beiden Seiten darin braun rösten
	für die abgeschlagene Soße
2 Eigelb	mit
3 Eßl. lauwarmem Wasser	im Wasserbad so lange schlagen, bis die Masse dicklich wird (nicht kochen lassen)
2 Eßl. steifgeschlagene	
Schlagsahne	unterheben, die Soße mit
Salz	
Pfeffer	
Zitronensaft	abschmecken die Toastscheiben auf
gewaschenen Salatblättern	anrichten, den Spargel darauf verteilen, etwas von der Soße darüber geben, die restliche Soße dazureichen
100 g rohen oder	
gekochten Schinken	in Streifen schneiden, über die Toastscheiben verteilen, mit
gehackter Petersilie	bestreuen.

Mailänder Salami mit Wein-Zwiebeln

250 g kleine Zwiebeln	abziehen
2 Eßl. Olivenöl	erhitzen, die Zwiebeln darin andünsten, mit
Salz	
Pfeffer	würzen, mit
2 Eßl. Zucker	bestreuen, unter ständigem Rühren leicht bräunen lassen
125 ml (1/8 l) Weißwein	mit
2 Eßl. Zitronensaft	
1 Eßl. Estragon-Essig	hinzufügen, die Zwiebeln 10–15 Minuten schmoren, in der Flüssigkeit erkalten, abtropfen lassen
100 g Mailänder Salami (in hauchdünne Scheiben geschnitten)	mit den Zwiebeln auf 4 Tellern anrichten, mit
Zitronenmelisseblättchen	
Tomatenachteln	garnieren.
Beigabe:	Stangenweißbrot.

Gefüllte, gedünstete Tomaten

8 mittelgroße, feste Tomaten	waschen, abtrocknen, Deckel abschneiden, das Innere aushöhlen, durch ein Sieb streichen, mit Wasser auf 500 ml (1/2 l) auffüllen die Tomaten innen mit
Salz	bestreuen
	für die Füllung
250 g Champignons	putzen, waschen, in Scheiben schneiden
1 kleine Zwiebel	abziehen, würfeln
1 Eßl. Butter oder Margarine	zerlassen, Pilzscheiben und Zwiebelwürfel darin andünsten
1 Ei	mit
40 g Semmelmehl	unterrühren, die Masse mit
Salz	
Pfeffer	würzen
1 Eßl. gehackte Petersilie	unterrühren die Füllung in die Tomaten geben, die Deckel wieder darauf legen
60 g Margarine	zerlassen, die Tomaten nebeneinander hineinstellen, in etwa 20 Minuten gar dünsten lassen die Tomaten auf einer vorgewärmten Platte anrichten, warm stellen
35 g Weizenmehl	in dem Fett unter Rühren so lange erhitzen, bis es hellgelb ist, die aufgefüllte Tomatenflüssigkeit hinzugießen, mit einem Schneebesen durchschlagen, darauf achten, daß keine Klumpen entstehen, die Soße zum Kochen bringen,

	etwa 3 Minuten kochen lassen, mit Salz, Pfeffer,
Zucker	würzen
1 schwach gehäuften EBl. Tomatenmark	unterrühren
	die Tomaten in der Soße servieren.

Räucherlachs Altona

(Etwa 10 Portionen)

	Für die Füllung
250 ml (1/4 l) Schlagsahne	steif schlagen, mit
4–5 EBl. geriebenem Meerrettich (aus dem Glas)	verrühren, mit
Zitronensaft Salz Zucker	würzen, in einen Spritzbeutel füllen
10 dünne Scheiben echten Räucherlachs	evtl. mit etwas Zitronensaft beträufeln, zu Tüten formen, die Meerrettich-Sahne hineinspritzen
	die gefüllten Lachsscheiben auf einer Platte anrichten, mit
Dillzweigen	garnieren
	die restliche Meerrettich-Sahne dazureichen.

Pikantes Muschel-Gericht

100 g tiefgekühlte Shrimps	bei Zimmertemperatur etwas antauen lassen
1 Zwiebel	abziehen, fein würfeln
50 g Butter	zerlassen, die Zwiebelwürfel darin andünsten, die Shrimps hinzufügen, etwa 5 Minuten durchdünsten lassen
1 hartgekochtes Ei	pellen, in Würfel schneiden
200 g spanische Muscheln (aus der Dose)	abtropfen lassen, mit den Eiwürfeln,
1 Bund gehackter Petersilie	zu den Shrimps geben, miterhitzen, mit
Salz Pfeffer Tabasco	würzen, nach Belieben mit
Eierscheiben Petersilie	garnieren.
Beigabe:	Stangenweißbrot.

Salate

Spargel-Salat mit Kräuter-Soße

(Abb. S. 64/65)

500 g gekochten grünen Spargel	
	für die Kräuter-Soße
2 kleine Zwiebeln	abziehen, fein würfeln, mit
6 Eßl. Salatöl	
3 Eßl. Essig	verrühren, mit
Salz	
Pfeffer	
Zucker	würzen
3–4 Eßl. gemischte, gehackte Kräuter	unterrühren einen Teil der Soße über den Spargel geben, die restliche Soße dazureichen
1 hartgekochtes Ei	pellen, halbieren, das Eigelb durch ein Sieb streichen, mit
geschnittenem Schnittlauch	über den Salat streuen, mit
Feldsalat	garnieren.

Pilz-Salat mit Basilikum-Mayonnaise

15 g getrocknete Steinpilze	in
125 ml (1/8 l) lauwarmem Wasser	einweichen
250 g Champignons oder Pfifferlinge	putzen, waschen, gut abtropfen lassen (größere Pilze in Scheiben schneiden oder halbieren)
200 g Hähnchenbrustfilet	abspülen, trockentupfen
2 Eßl. Speiseöl	erhitzen, das Hähnchenbrustfilet darin von jeder Seite in 2–3 Minuten goldbraun braten, mit
Salz, Pfeffer	würzen, aus der Pfanne nehmen, erkalten lassen, in Streifen schneiden die Pilze in dem Bratfett anbraten, mit Salz, Pfeffer würzen, die Steinpilze mit dem Einweichwasser hinzufügen, etwa 5 Minuten schmoren, erkalten lassen
1 Bund Frühlingszwiebeln	putzen, das dunkle Grün bis auf etwa 15 cm entfernen, die Knollen evtl. abziehen, waschen, in dünne Ringe schneiden die Salatzutaten in eine Salatschüssel geben, vorsichtig vermengen
	für die Basilikum-Mayonnaise
1 Eigelb	mit

1 Teel. Senf	
1 Eßl. Essig oder Zitronensaft	
1 Teel. Zucker	
Salz	zu einer dicklichen Masse schlagen
125 ml (1/8 l) Salatöl	nach und nach unterschlagen
2 Eßl. Crème fraîche	
3 Eßl. gehackte Basilikumblättchen oder 1 Eßl. gerebeltes Basilikum	unterrühren, mit Salz,
Pfeffer	würzen, über die Salatzutaten geben den Salat gut durchziehen lassen.

Radieschen-Eier-Salat

2 Bund Radieschen	putzen, waschen
4 hartgekochte Eier	pellen beide Zutaten in Scheiben schneiden
	für die Salatsoße
1 Becher (150 g) Crème fraîche	mit
1 Eßl. Zitronensaft	verrühren, mit
Salz, Pfeffer	
Zucker	würzen
1 Eßl. gehackte Petersilie	unterrühren, mit den Salatzutaten vermengen.

Party-Salat

200 g Fleischwurst (im Stück)	enthäuten
2 mittelgroße Äpfel	schälen, vierteln, entkernen, in Streifen schneiden, mit
Zitronensaft	beträufeln
2 Essiggurken	in Streifen schneiden
	für die Mayonnaise
1 Eigelb	mit
1–2 Teel. Senf	
1 Eßl. Essig	
Salz, Pfeffer	
Zucker	zu einer dicklichen Masse schlagen
125 ml (1/8 l) Salatöl	nach und nach unterschlagen, mit den Salatzutaten vermengen den Salat gut durchziehen lassen, evtl. mit Salz abschmecken.

Wild-Salat

300 g gebratenes Wildfleisch	in Streifen oder Würfel schneiden
etwa 200 g gedünstete Pfifferlinge	evtl. halbieren
2 Zwiebeln	abziehen, in sehr dünne Scheiben schneiden, in
kochendes Salzwasser	geben, zum Kochen bringen, etwa 5 Minuten kochen, abtropfen lassen
	für die Salatsoße
3 Eßl. Salatöl	mit
2 Eßl. Essig **2–3 Eßl. Sahne** **2 Eßl. Preiselbeeren (aus dem Glas)**	verrühren, mit
Salz **frisch gemahlenem schwarzem Pfeffer** **Zucker**	würzen, mit den Salatzutaten vermengen den Salat gut durchziehen lassen, evtl. mit Salz, Pfeffer abschmecken.

Muschel-Salat Patricia

(2–3 Portionen)

150 g Muschelfleisch (aus dem Glas oder aus der Dose)	evtl. abspülen, abtropfen lassen
100 g Senfgurken	in Würfel schneiden
10 Oliven, mit Paprika gefüllt **10 Silberzwiebeln (aus dem Glas)**	beide Zutaten halbieren
2 Tomaten	kurze Zeit in kochendes Wasser legen (nicht kochen lassen), in kaltem Wasser abschrecken, enthäuten, die Stengelansätze herausschneiden, die Tomaten halbieren, entkernen, in Würfel schneiden
	für die Salatsoße
1 Becher (150 g) Crème fraîche	mit
½ Bund gehacktem Dill	verrühren, mit
Salz **Pfeffer**	würzen, mit den Salatzutaten vermengen den Salat auf
gewaschenen Salatblättern	anrichten.

Ananas-Thunfisch-Salat

75 g Langkornreis	in
750 ml (3/4 l) kochendes Salzwasser	geben, zum Kochen bringen, in etwa 20 Minuten ausquellen lassen den garen Reis auf ein Sieb geben, mit kaltem Wasser übergießen, gut abtropfen lassen
200 g Ananasfleisch (von 1 kleinen Ananas)	in kleine Stücke schneiden
etwa 150 g Thunfisch (aus der Dose)	abtropfen lassen, zerpflücken
etwa 125 g gedünstete Erbsen	
	für die Salatsoße
3–4 Eßl. Salatöl	mit
3–4 Eßl. Essig Salz Pfeffer Zucker	würzen
feingehackte Petersilie	unterrühren, mit den Salatzutaten vermengen den Salat etwas durchziehen lassen.

Geflügel-Salat

375 g gebratenes Geflügelfleisch	in Streifen schneiden
225 g Mandarinenspalten (aus der Dose)	abtropfen lassen
175 g gekochten Spargel	in 3–4 cm lange Stücke schneiden
175 g gedünstete Champignonscheiben	
	für die Mayonnaise
1 Eigelb	mit
1 Eßl. Essig 1 Teel. Senf Salz Pfeffer Zucker	zu einer dicklichen Masse schlagen
125 ml (1/8 l) Salatöl	nach und nach unterschlagen, vorsichtig mit den Salatzutaten vermengen den Salat gut durchziehen lassen.

Camembert-Salat

(Etwa 2 Portionen – Abb. nebenstehend)

1 Rahm-Camembert (125 g)	in Scheiben schneiden
	für die Salatsoße
2 Eßl. Salatöl	mit
2 Eßl. Essig	
1 Eßl. Wasser	verrühren, mit
Salz, Pfeffer	
Zucker	würzen
1 Eßl. gemischte, gehackte Kräuter	unterrühren, mit den Camembertscheiben vermengen, etwa 30 Minuten durchziehen lassen
1 kleine Fenchelknolle	putzen, waschen, halbieren, in dicke Scheiben schneiden
etwa 50 g Sellericknolle	schälen, waschen
1 säuerlichen Apfel	schälen, vierteln, entkernen
	die beiden Zutaten in Streifen schneiden, zu dem Camembert geben, gut durchziehen lassen
4–5 Kopfsalatblätter	waschen, gut abtropfen lassen
2 Eßl. saure Sahne	
1 Eßl. grob gehackte Walnußkerne	
	die drei Zutaten kurz vor dem Servieren mit den übrigen Salatzutaten vermengen, mit Salz, Pfeffer,
Zitronensaft	abschmecken
	den Salat auf
gewaschenen Salatblättern	anrichten, mit
Fenchelgrün	garnieren.

Matjes-Salat

6 Matjesfilets	mit
250 ml (¼ l) Mineralwasser	übergießen, 3–4 Stunden wässern, trockentupfen, in 3–4 cm große Stücke schneiden
2 Zwiebeln	abziehen, in Scheiben schneiden, in Ringe teilen
2–3 Gewürzgurken	in Scheiben schneiden
etwa 150 g gedünstete Champignonscheiben	
	für die Salatsoße
1 Becher (150 g) Crème fraîche	mit
1–2 Eßl. Joghurt	
1–2 Teel. geriebenem Meerrettich	verrühren, mit den Salatzutaten vermengen.

Salat-Platte

(4–6 Portionen)

	Von
1 kleinen Kopfsalat	die äußeren Blätter entfernen, die übrigen vom Strunk lösen, die großen Blätter teilen, die Herzblätter ganz lassen den Salat waschen, gut abtropfen lassen
2 Paprikaschoten (rot und grün, etwa 300 g)	halbieren, entstielen, entkernen, die weißen Scheidewände entfernen, die Schoten waschen, in Streifen schneiden
4 große Tomaten	waschen, abtrocknen, die Stengelansätze herausschneiden, die Tomaten in Scheiben schneiden
3–4 Zwiebeln oder 1 Gemüsezwiebel	abziehen, in Scheiben schneiden, in Ringe teilen
½ Salatgurke	waschen, in dünne Scheiben schneiden
etwa 300 g Maiskörner (aus der Dose) etwa 285 g Thunfisch (aus der Dose)	
	beide Zutaten abtropfen lassen die Salatzutaten auf einer großen Platte anrichten
	für die Salatsoße
2 Becher (je 150 g) Crème fraîche	mit
2–3 Eßl. Tomaten-Ketchup 2–3 Eßl. Milch	verrühren, mit
Salz Pfeffer Zucker	würzen, über die Salatzutaten verteilen, mit
gehackter Petersilie gehacktem Dill feingeschnittenem Schnittlauch	bestreuen.

Salat Fiesole

250 g kleine Nudeln (z. B. dreifarbige Hütchen-Nudeln)	in
2 l kochendes Salzwasser	geben, zum Kochen bringen, umrühren, in 10–12 Minuten „kernig" kochen lassen die Nudeln auf ein Sieb geben, mit kaltem Wasser übergießen, gut abtropfen lassen
2–3 Eßl. Speiseöl	erhitzen

4 Scheiben Schweinefleisch (400 g, aus der Keule)	von jeder Seite 5–10 Minuten darin braten, mit
Salz, Pfeffer gerebeltem Salbei	würzen, aus der Pfanne nehmen, erkalten lassen, in feine Streifen schneiden
40 g Kapern (aus dem Glas)	abtropfen lassen, die Flüssigkeit auffangen
100 g Pinienkerne	
	für die Mayonnaise
1 Eigelb	mit
1–2 Teel. Senf	
1 Eßl. Essig	
Salz	
1 Teel. Zucker	zu einer dicklichen Masse schlagen
125 ml (1/8 l) Salatöl	nach und nach unterschlagen
3 Eßl. Kapernflüssigkeit	
1/2 Teel. gerebelten Salbei	unterrühren, mit den Salatzutaten vermengen, gut durchziehen lassen
	den Salat mit Salz, Pfeffer abschmecken, eine Salatschüssel mit
gewaschenen Salatblättern	auslegen, den Salat darauf anrichten.

Paprika-Salat mit Schafskäse

3 grüne Paprikaschoten (etwa 400 g)	halbieren, entstielen, entkernen, die weißen Scheidewände entfernen, die Schoten waschen, in Streifen schneiden
400 g Tomaten	kurze Zeit in kochendes Wasser legen (nicht kochen lassen), in kaltem Wasser abschrecken, enthäuten, die Stengelansätze herausschneiden, die Tomaten achteln
2–3 Gemüsezwiebeln (etwa 400 g)	abziehen, halbieren, in Scheiben schneiden
	die Zutaten in einer Salatschüssel anrichten
200 g Schafskäse	zerbröckeln, darüber verteilen
	für die Salatsoße
3 Eßl. Salatöl	mit
2 Eßl. Essig	verrühren, mit
Salz	
Pfeffer	würzen, über die Salatzutaten geben, durchziehen lassen
	den Salat vor dem Servieren mit
2 Eßl. feingeschnittenem Schnittlauch	bestreuen.

Staudensellerie-Salat mit Äpfeln

(4–6 Portionen)

	Von
½ Kopf krauser Endivie	Wurzeln und äußere Blätter abschneiden, den Salat gründlich waschen, gut abtropfen lassen eine Salatschüssel mit den Endivienblättern auslegen
etwa 500 g Staudensellerie	putzen, harte Fäden an der Außenseite der Stengel abziehen, die Stengel waschen, in dünne Scheiben schneiden
2 mittelgroße Äpfel	achteln, entkernen, in dünne Scheiben schneiden
	für die Salatsoße
1 Becher (150 g) Sahnejoghurt	mit
1–2 Eßl. geriebenem Meerrettich (aus dem Glas)	
3–4 Eßl. Zitronensaft	verrühren, mit
Salz	würzen
125 ml (⅛ l) Schlagsahne	steif schlagen, unterheben
100 g Walnußkerne	(einige zum Garnieren zurücklassen) grob hacken, unterheben, mit den Staudensellerie- und Apfelscheiben vermengen den Salat auf den Endivienblättern anrichten, mit den zurückgelassenen Walnußkernen garnieren.

Salat-Schüssel nach Fischer Art

200 g Shrimps	in die Mitte einer großen, flachen Schale häufen
3–4 hartgekochte Eier	pellen, längs halbieren, das Eiweiß grob hacken, das Eigelb durch ein Sieb streichen beide Zutaten als Kranz um die Shrimps geben
1 Kästchen geschnittene, gewaschene Kresse	um das Ei streuen
300 g eingelegte Rote Bete	abtropfen lassen, als Kranz um die Kresse legen
	für die Dill-Sahne
1–1½ Becher (150–225 g) Crème fraîche	mit
Salz	
Pfeffer	
Zucker	würzen
2–3 Eßl. gehackten Dill	unterrühren die Dill-Sahne getrennt zu dem Salat reichen.
Beigabe:	Vollkornbrot oder Toast, Butter.

Pußta-Fleisch-Salat

200 g gekochtes Rindfleisch	in Würfel schneiden
1 grüne Paprikaschote	halbieren, entstielen, entkernen, die weißen Scheidewände entfernen, die Schote waschen, in dünne Streifen schneiden
2 hartgekochte Eier	pellen, in Würfel schneiden von
1 Kopfsalat	die äußeren Blätter entfernen, die übrigen vom Strunk lösen, die großen Blätter teilen, den Salat waschen, gut abtropfen lassen
8–10 grüne Oliven, mit Paprika gefüllt	in Scheiben schneiden
1 Zwiebel	abziehen, in Scheiben schneiden
150 g Perlzwiebeln (aus dem Glas)	
	für die Salatsoße
2 Eßl. Salatöl	mit
2 Eßl. Essig	
2 Teel. Slibowitz	verrühren, mit
Salz, Pfeffer	
Zucker	würzen, mit den Salatzutaten vermengen.

Mais-Salat

250 g Tomaten	kurze Zeit in kochendes Wasser legen (nicht kochen lassen), in kaltem Wasser abschrecken, enthäuten, die Stengelansätze herausschneiden, die Tomaten in Würfel schneiden
etwa 300 g Maiskörner (aus der Dose)	abtropfen lassen
etwa 250 g frische gepulte Krabben	
	für die Salatsoße
1 Zwiebel	abziehen, fein würfeln, mit
3 Eßl. Salatöl	
2 Eßl. Essig	verrühren, mit
Salz, Pfeffer	
Zucker	würzen
1–2 Eßl. feingeschnittenen Schnittlauch	mit
1–2 Eßl. feingehackter Petersilie	unterrühren, mit den Salatzutaten vermengen den Salat etwas durchziehen lassen, evtl. mit Salz, Pfeffer, Zucker abschmecken.

Hexen-Salat

(Abb. nebenstehend)

375 g Fleischwurst (im Stück)	enthäuten, in Scheiben schneiden
2 Gewürzgurken	in Streifen schneiden
2 rote Zwiebeln	abziehen, halbieren, längs in Stücke schneiden
2 Tomaten	kurze Zeit in kochendes Wasser legen (nicht kochen lassen), in kaltem Wasser abschrecken, enthäuten, die Stengelansätze herausschneiden, die Tomaten achteln
1 gehäufter Teel. Kapern	
	für die Salatsoße
2–3 Eßl. Salatöl	mit
2 Eßl. Essig	
1–2 Teel. Senf	verrühren, mit
Salz	
Pfeffer	
Zucker	würzen
2–3 Eßl. gehackte Petersilie	unterrühren, mit den Salatzutaten vermengen den Salat durchziehen lassen, evtl. mit Salz, Pfeffer, Zucker abschmecken.

Gemüse-Salat

280 g Mexikanisches Gemüse (aus der Dose)	gut abtropfen lassen
175 g gekochten Spargel	in etwa 3 cm lange Stücke schneiden
125 g gedünstete kleine Möhren	
175 g gedünstete Champignons	
120 g gedünstete Grüne Bohnen	
	für die Mayonnaise
3 Eßl. Salatmayonnaise	mit
3 Eßl. Milch	
2 Eßl. Joghurt	verrühren, mit
Salz	
Pfeffer	
Zucker	würzen
2 Eßl. gehackte Kräuter (Petersilie, Schnittlauch)	unterrühren, mit den Salatzutaten vermengen den Salat gut durchziehen lassen, evtl. mit Salz, Pfeffer, Zucker abschmecken.

Salat Schöne Gärtnerin

(Etwa 6 Portionen)

100 g Langkornreis	in
1 l kochendes Salzwasser	geben, zum Kochen bringen, in etwa 20 Minuten ausquellen lassen den garen Reis auf ein Sieb geben, mit kaltem Wasser übergießen, gut abtropfen lassen
3 Tomaten	kurze Zeit in kochendes Wasser legen (nicht kochen lassen), in kaltem Wasser abschrecken, enthäuten, die Stengelansätze herausschneiden, die Tomaten vierteln, entkernen, in Streifen schneiden
2 Avocados	halbieren, entsteinen, schälen, in Würfel schneiden
2 hartgekochte Eier	pellen, in Würfel schneiden
100 g Champignons	putzen, waschen, in dünne Scheiben schneiden
150 g gekochten Schinken	in Streifen schneiden eine große Salatschüssel mit
½ abgezogenen Knoblauchzehe	ausreiben
	für die Salatsoße
3 Eßl. Salatöl	mit
4 Eßl. Kräuter-Essig **3 Eßl. Sahne**	verrühren, mit
Salz **frisch gemahlenem weißem Pfeffer** **Currypulver**	würzen, mit den Salatzutaten vermengen den Salat etwa 30 Minuten durchziehen lassen, in die Salatschüssel geben, mit
Tomatenröschen **Basilikumblättchen**	garnieren.

Bulgarischer Zucchini-Salat

250 g Zucchini **4 Tomaten**	beide Zutaten waschen, abtrocknen, in Scheiben schneiden (Stengelansätze der Tomaten herausschneiden)
2 grüne Paprikaschoten (etwa 300 g)	vierteln, entstielen, entkernen, die weißen Scheidewände entfernen, die Schoten waschen, in Streifen schneiden
1 Zwiebel	abziehen
8-10 Oliven	beide Zutaten in dünne Scheiben schneiden

	für die Salatsoße
4 Eßl. Salatöl	mit
2 Eßl. Kräuter-Essig	
½ Teel. Senf	verrühren, mit
Salz	
Pfeffer	
Zucker	würzen
1 Eßl. feingeschnittenen Schnittlauch	
1 Eßl. feingehackten Dill	unterrühren, mit den Salatzutaten vermengen
2 hartgekochte Eier	pellen, achteln
150 g bulgarischen Schafskäse	zerbröckeln, die Hälfte des Käses und die Eier vorsichtig mit dem Salat vermengen, den restlichen Käse darüber streuen.
Beigabe:	Sesam-Fladenbrot.

Feiner Champignon-Salat

500 g Champignons	putzen, waschen, vierteln, in
wenig kochendes Wasser	geben, zum Kochen bringen, in etwa 5 Minuten gar dünsten lassen, mit
Salz	
Pfeffer	würzen, erkalten lassen
200 g Roastbeefscheiben (als Aufschnitt)	in Streifen schneiden
2 hartgekochte Eier	pellen, in Würfel schneiden beide Zutaten mit den Champignonvierteln vermengen
	für die Salatsoße
4 Eßl. Salatöl	mit
2 Eßl. Kräuter-Essig	
1–2 Eßl. Tomaten-Ketchup	
4–5 Eßl. Schlagsahne	
1 Teel. Weinbrand	verrühren, mit
Salz	
Pfeffer	
Paprika edelsüß	
Zucker	würzen
2 Eßl. gehackte Petersilie	unterrühren, mit den Salatzutaten vermengen den Salat kühl stellen, etwa 20 Minuten durchziehen lassen, mit Salz, Pfeffer, Zucker abschmecken, mit
Eierscheiben	
Petersilie	garnieren.
Beigabe:	Graubrot, Butter.

Pikanter Kartoffel-Salat

(Etwa 6 Portionen – Abb. nebenstehend)

750 g Pellkartoffeln	noch heiß pellen, in Scheiben schneiden
200 g gekochtes Rindfleisch	in Würfel schneiden
1 Stange Porree	putzen, das dunkle Grün bis auf etwa 10 cm entfernen, den Porree längs halbieren, in schmale Streifen schneiden, waschen
150 g gedünstete Pfifferlinge	evtl. halbieren
3–4 Tomaten	kurze Zeit in kochendes Wasser legen (nicht kochen lassen), in kaltem Wasser abschrecken, enthäuten, die Stengelansätze herausschneiden, die Tomaten in Würfel schneiden
	für die Salatsoße
1 große Zwiebel	abziehen, würfeln, mit
6 Eßl. Salatöl	
4–5 Eßl. Kräuter-Essig	
1 Teel. Senf	verrühren, mit
Salz	
frisch gemahlenem schwarzem Pfeffer	würzen, mit den Salatzutaten vermengen den Salat etwa 1 Stunde durchziehen lassen.

Waldorf-Salat

500 g Äpfel	schälen, halbieren, entkernen
1 kleine Sellerieknolle (etwa 350 g)	schälen, waschen beide Zutaten grob raspeln oder in feine Streifen schneiden von
100 g frischen Walnußkernen	die Häutchen abziehen, die Kerne grob mahlen oder sehr fein hacken
	für die Salatsoße
125 ml (1/8 l) Schlagsahne	steif schlagen
2 Eßl. Mayonnaise	unterrühren, mit
Salz	
Pfeffer	
Zucker	
Zitronensaft	würzen, mit den Salatzutaten vermengen den Salat mit
halbierten Walnußkernen	garnieren.

Italienischer Bauern-Salat
(4–6 Portionen)

250 g Kichererbsen (aus der Dose)	abtropfen lassen
1 Gemüsezwiebel	abziehen, halbieren, in Scheiben schneiden
200 g Tomaten	waschen, abtrocknen, die Stengelansätze herausschneiden, die Tomaten achteln
150 g Salami (in Scheiben)	in Streifen schneiden
etwa 250 g gedünstete Grüne Bohnen	
250 g gekochte Weiße Bohnen	
	für die Salatsoße
6 Eßl. Salatöl	mit
3 Eßl. Wein-Essig	
1 Teel. Senf	verrühren, mit
Salz	
Pfeffer	
Zucker	würzen
1 Eßl. gehackte Estragonblättchen	unterrühren, mit den Salatzutaten vermengen den Salat gut durchziehen lassen, mit Salz, Pfeffer, Zucker abschmecken.

Käse-Salat

250 g Ananasfleisch (von 1 kleinen Ananas)	in kleine Stücke schneiden
250 g Gouda-Käse (in Scheiben)	
200 g gekochter Schinken	
	beide Zutaten in Streifen schneiden
	für die Salatmayonnaise
1 Eigelb	mit
1 Eßl. Essig	
1 Teel. Senf	
Salz, Pfeffer	
Zucker	zu einer dicklichen Masse schlagen
125 ml (1/8 l) Salatöl	nach und nach unterschlagen, mit den Salatzutaten,
50 g gehackten Walnußkernen	vermengen den Salat gut durchziehen lassen, evtl. mit Salz, Pfeffer abschmecken
2 Eßl. Ananassaft	unterrühren.

Feinschmecker-Salat

Etwa 100 g gedünstete Champignons	halbieren
etwa 200 g gekochten Spargel	in etwa 3 cm lange Stücke schneiden
1 Apfelsine	schälen, von der weißen Haut befreien
250 g gekochtes Hühnerfleisch	enthäuten beide Zutaten in Stücke schneiden
1 kleine Essiggurke	in Streifen schneiden
100 g frische gepulte Krabben	
1 Eßl. abgezogene gestiftelte Mandeln	
	für die Salatsoße
3 Eßl. Mayonnaise (Rezept S. 196)	mit
2 Eßl. Joghurt	
1 Teel. Senf	verrühren, mit den Salatzutaten vermengen, mit
Apfelsinenschale (unbehandelt)	garnieren.

Pariser Salat

375 g blaue und grüne Weintrauben	waschen, entstielen, gut abtropfen lassen, halbieren, entkernen
250 g gebratenes Hähnchenbrustfilet	in Streifen schneiden
200 g Gouda-Käse (in Scheiben)	in kleine Quadrate schneiden
etwa 200 g gedünstete Champignonscheiben	
	für die Mayonnaise
1 Eigelb	mit
1–2 Teel. Senf	
Salz	
Pfeffer	
Zucker	
2 Eßl. Essig	zu einer dicklichen Masse schlagen
125 ml (1/8 l) Salatöl	nach und nach unterschlagen
3 Eßl. Joghurt	unterrühren, mit den Salatzutaten vermengen den Salat nach Belieben mit
Weintrauben	
Champignons	
Liebstöckelblättchen	garnieren.

Eisberg-Kiwi-Salat

(4–6 Portionen)

	Von
½ Kopf Eisbergsalat	die äußeren Blätter entfernen, die übrigen vom Strunk lösen, zerpflücken, waschen, gut abtropfen lassen
	von
2–3 Zucchini	die Enden abschneiden, die Zucchini waschen, evtl. schälen
3 Kiwis	schälen
	beide Zutaten in Scheiben schneiden
3–4 Stengel Staudensellerie (etwa 200 g)	putzen, harte Fäden an der Außenseite der Stengel abziehen, die Stengel waschen, abtropfen lassen, in etwa 3 cm dicke Stücke schneiden
125 g Lachsschinken	in Streifen schneiden
	für die Salatsoße
3 Eßl. Salatöl	mit
4 Eßl. Zitronensaft	verrühren, mit
Salz	
Pfeffer	
Zucker	würzen
1 Eßl. gehackte Estragonblättchen	unterrühren, mit den Salatzutaten vermengen
30 g gehackte Pistazienkerne	über den Salat streuen.
Beigabe:	Toast, Butter.

Herings-Salat

3 mittelgroße Salzheringe (750 g)	12–24 Stunden wässern, ausnehmen, die Köpfe abschneiden, die innere schwarze Haut abziehen, die Heringe noch einmal abspülen, danach an der Rückseite der Länge nach aufschneiden, entgräten, nach Belieben enthäuten, die Filets noch etwa 1 Stunde wässern, trockentupfen
2 mittelgroße Äpfel	schälen, vierteln, entkernen
1 gekochte Knolle Rote Bete (250 g)	abziehen
2 mittelgroße Pellkartoffeln	pellen
250 g gebratenes Rindfleisch	
2 Gewürzgurken (aus dem Glas)	
	die Zutaten in kleine Würfel schneiden
50 g Walnußkerne	hacken
1 Eßl. Preiselbeerkompott	

2 Eßl. Gurkenflüssigkeit	
	für die Mayonnaise
1 Eigelb	mit
1 Eßl. Essig	
1 Teel. Senf	
Salz	
Pfeffer	
Zucker	zu einer dicklichen Masse schlagen
125 ml (1/8 l) Salatöl	nach und nach unterschlagen
2 Eßl. gemischte, gehackte Kräuter	unterrühren, mit den Salatzutaten vermengen den Salat gut durchziehen lassen, evtl. mit Salz, Pfeffer abschmecken.
Beigabe:	Schwarzbrot, Butter.

Italienischer Nudel-Salat

125 g Nudeln (z. B. Gabelspaghetti)	in
1 l kochendes Salzwasser	geben, zum Kochen bringen, umrühren, in 10–12 Minuten „kernig" kochen lassen die garen Nudeln auf ein Sieb geben, mit kaltem Wasser übergießen, abtropfen lassen
2 mittelgroße Äpfel	schälen, vierteln, entkernen
3 Essiggurken	
200 g garer Schweinebraten (als Aufschnitt)	
	die drei Zutaten in Streifen schneiden, mit den Nudeln vermengen
	für die Salatsoße
1 Becher (150 g) Crème fraîche	mit
1 schwach gehäuften Eßl. Tomaten-Ketchup	
1 Eßl. Milch	
2 Eßl. Gurkenflüssigkeit	verrühren
2 Eßl. gemischte, gehackte Kräuter	unterrühren, mit den Salatzutaten vermengen den Salat gut durchziehen lassen, evtl. mit
Salz	abschmecken.
Beigabe:	Weißbrot.

Bohnen-Salat

2-3 rote Zwiebeln	abziehen, fein würfeln
etwa 500 g gekochte Weiße Bohnen	
etwa 400 g gekochte Rote Bohnen	
etwa 400 g gedünstete Grüne Bohnen	
	für die Salatsoße
4-5 Eßl. Salatöl	mit
3-4 Eßl. Kräuter-Essig	verrühren, mit
Salz	
Pfeffer	
Zucker	würzen
2 Eßl. feingeschnittenen Schnittlauch	
etwas gehacktes Bohnenkraut	
etwas gehackten Borretsch	unterrühren, mit den Salatzutaten vermengen den Salat gut durchziehen lassen, evtl. mit Salz, Pfeffer, Zucker abschmecken.

Eier-Salat Excelsior

(2-3 Portionen)

2 hartgekochte Eier	pellen, in Scheiben schneiden
75 g gekochte Schinkenscheiben	in Streifen schneiden
½ rote Paprikaschote	entkernen, die weißen Scheidewände entfernen, die Schote waschen, in feine Streifen schneiden, mit kochendem Wasser übergießen, kurze Zeit stehenlassen, abtropfen, abkühlen lassen
	für die Salatsoße
1 Becher (150 g) Crème fraîche	mit
Salz	
Pfeffer	
Zucker	
Zitronensaft	
Worcestersauce	würzen, mit den Salatzutaten vermengen den Salat gut durchziehen lassen, evtl. mit Salz, Pfeffer, Zucker, Zitronensaft, Worcestersauce abschmecken, mit
feingeschnittenem Schnittlauch	bestreuen.

Nudel-Salat Torcello

(6–8 Portionen)

250 g Spaghetti	in kleine Stücke brechen, in
2 l kochendes Salzwasser	geben, zum Kochen bringen, umrühren, in 10–12 Minuten „kernig" kochen lassen die Nudeln auf ein Sieb geben, mit kaltem Wasser übergießen, gut abtropfen lassen
etwa 150 g Thunfisch (aus der Dose)	abtropfen lassen, zerpflücken
200 g gare, gepökelte Rinderzunge	in Streifen schneiden
2 Eßl. Kapern	
	für die Mayonnaise
1 Eigelb	mit
1 Teel. Senf	
1 Teel. Anchovis-Paste	
1 Eßl. Zitronensaft	
1 Teel. Zucker	
Salz, Pfeffer	zu einer dicklichen Masse schlagen
125 ml (1/8 l) Salatöl	nach und nach unterschlagen
2 Eßl. gemischte, gehackte Kräuter	unterrühren, mit den Salatzutaten vermengen den Salat gut durchziehen lassen.

Fisch-Reis-Salat

750 ml (3/4 l) Salzwasser	zum Kochen bringen
75 g Langkornreis	hineingeben, zum Kochen bringen, in etwa 20 Minuten ausquellen lassen, auf ein Sieb geben, mit kaltem Wasser übergießen, gut abtropfen lassen
250 g gekochtes Fischfilet	zerpflücken
1 Apfel	schälen, vierteln, entkernen
1 Zwiebel	abziehen
50 g Gouda-Käse	
3 gekochte Selleriescheiben	
	die vier Zutaten in kleine Würfel schneiden
	für die Salatsoße
3 Eßl. Salatöl	mit
5 Eßl. Essig	verrühren, mit
Salz	
Currypulver	würzen, mit den Salatzutaten vorsichtig vermengen den Salat gut durchziehen lassen.

Pasteten, Terrinen, Sülze

Hirsch-Pastete

(Abb. S. 88/89)

	Für die Füllung
1 kg Hirschgulasch	evtl. unter fließendem kaltem Wasser abspülen, trockentupfen
3 Teel. Nußöl	mit
3 Teel. Butter	erhitzen, das Fleisch in 2 Portionen kurz darin anbraten
2 Zwiebeln	abziehen, fein würfeln
1 Eßl. Butter	zerlassen, die Zwiebelwürfel darin glasig dünsten lassen
250 g durchwachsenen Speck	in Stücke schneiden, mit dem Wildfleisch, den Zwiebelwürfeln durch die feine Scheibe des Fleischwolfs drehen, mit
4 Eiern	
4 Eßl. Madeira	
50 g gehackten Pistazienkernen	vermengen, mit
Salz	
Pfeffer	
gerebeltem Thymian	würzen, die Masse gut durcharbeiten
500 g Schweinefilet	unter fließendem kaltem Wasser abspülen, trockentupfen, mit Salz, Pfeffer einreiben
Speiseöl	erhitzen, das Schweinefilet von allen Seiten darin anbraten, erkalten lassen
	für den Teig
500 g Weizenmehl	auf die Tischplatte sieben, in die Mitte eine Vertiefung eindrücken
1 Teel. Salz	
7–8 Eßl. eiskaltes Wasser	
1 Eigelb	hineingeben, mit einem Teil des Mehls zu einem dicken Brei verarbeiten
125 g Butter	in Stücke schneiden, mit
125 g Schmalz	auf den Brei geben, mit Mehl bedecken von der Mitte aus alle Zutaten schnell zu einem glatten Teig verkneten den Teig 1–2 Stunden kalt stellen 2/3 des Teiges ausrollen, eine Kastenform (30 x 11 cm) damit auslegen, die Hälfte der Fleisch-Masse in die Form geben das Schweinefilet mit
125 g frischen, fetten Speckscheiben (dünn geschnitten)	umwickeln, auf die Fleisch-Masse legen, die restliche Fleisch-Masse darauf geben, glattstreichen den überstehenden Teig über die Füllung schlagen, die Teigränder mit
verschlagenem Eiweiß	bestreichen aus dem restlichen Teig einen Deckel in Größe der

	Kastenform-Oberfläche ausrollen, auf die Füllung legen, fest andrücken
	aus den Teig-Resten Figuren (Motive) schneiden, mit verschlagenem Eiweiß bestreichen, die Pasteten-Oberfläche damit garnieren.
	in der Mitte der Pasteten-Oberfläche ein Loch ausstechen, damit der Dampf entweichen kann
1 Eigelb	verschlagen, die Pastete damit bestreichen
	die Form auf dem Rost in den vorgeheizten Backofen schieben
Strom:	Etwa 200
Gas:	3–4
Backzeit:	Etwa 1 Stunde
	die gare Pastete in der Form erkalten lassen.
Beigabe:	Cumberlandsoße.

Leber-Terrine

1 kg Schweineleber	unter fließendem kaltem Wasser abspülen, trockentupfen, mit
500 g frischem Speck oder fettem Bauchfleisch	durch die feine Scheibe des Fleischwolfs drehen
1 Zwiebel	abziehen, fein würfeln
1 Eßl. Butter	zerlassen, die Zwiebelwürfel darin andünsten
etwa 170 g gedünstete Champignons	grob hacken, zu den Zwiebelwürfeln geben, durchdünsten, etwas abkühlen lassen
1 Eßl. gehackte Petersilie	hinzufügen, die Fleisch-Masse mit den Champignons gut vermengen, mit
Salz Pfeffer gerebeltem Majoran geriebener Muskatnuß	kräftig würzen
	eine Kastenform (30 x 11 cm) mit
etwa 200 g frischen, fetten Speckscheiben	auslegen (einige Scheiben zurücklassen), die Leber-Masse hineingeben, glatt streichen, mit den zurückgelassenen Speckscheiben belegen
	die Form auf dem Rost in den vorgeheizten Backofen schieben
Strom:	175–200
Gas:	3–4
Garzeit:	Etwa 1¼ Stunden
	die gare Leber-Terrine mindestens 1 Tag kalt stellen, erst dann aus der Form nehmen
Wein-Aspik (S. 98)	zubereiten, die Terrine damit überziehen, mit
gedünsteten Champignons Feldsalat	garnieren.

Bulgarische Sülze mit Joghurt-Creme

2 Päckchen (je 300 g) tiefgekühltes Balkangemüse (Erbsen, Paprikaschoten, Mais)	in
125 ml (1/8 l) kochendes Salzwasser	geben, zum Kochen bringen, etwa 5 Minuten kochen, abtropfen, erkalten lassen
2 Päckchen Gelatine gemahlen, weiß	mit
6 Eßl. kaltem Wasser	anrühren, 10 Minuten zum Quellen stehenlassen
500 ml (1/2 l) entfettete, kräftige Fleischbrühe	zum Kochen bringen, von der Kochstelle nehmen, die Gelatine hineingeben, so lange rühren, bis sie gelöst ist
250 ml (1/4 l) Weißwein	
6 Eßl. Weißwein-Essig	unterrühren, mit
Salz	
Pfeffer	
Worcestersauce	abschmecken eine Kastenform (30 x 11 cm) mit kaltem Wasser ausspülen so viel von der Brühe hineingeben, daß der Boden bedeckt ist, im Kühlschrank erstarren lassen
300 g bulgarischen Schafskäse	mit
50 g weicher Butter	
3 Eßl. Sahne	
1 Eßl. grünem Pfeffer	verrühren
gerebeltem Basilikum	unterrühren aus der Masse mit nassen Händen auf einem mit kaltem Wasser abgespülten Brett eine Rolle in der Länge der Kastenform formen
10–12 große eingelegte Weinblätter	schuppenförmig in der Länge der Kastenform übereinanderlegen die Käserolle darin einwickeln von
6 Scheiben gekochtem Schinken	jeweils 3 Scheiben schuppenförmig nebeneinanderlegen die Weinblätter-Käse-Rolle in die Schinkenscheiben wickeln, in die Mitte des Aspik-Spiegels legen, das Gemüse ringsherum verteilen, die restliche Brühe darüber gießen, im Kühlschrank erstarren lassen vor dem Servieren die Form kurz in heißes Wasser halten, die Sülze mit einem Messer vorsichtig vom Rand der Form lösen, auf eine Platte stürzen
3–4 geviertelte Zitronenscheiben (unbehandelt)	schuppenförmig auf der Sülze anrichten, mit

Petersilie garnieren

für die Joghurt-Creme

1 Becher (150 g) Joghurt mit
1 Becher (150 g) Crème fraîche
3 Eßl. gemischten, gehackten Kräutern
1 Teel. scharfem Senf verrühren, mit
Salz
Pfeffer würzen.
Beigabe: Roggenbrötchen oder Roggenbrot, Butter.

Eisbein-Sülze nach Bauern Art

1 kg Eisbein, Schweineschwänzchen und Schweinepfoten unter fließendem kaltem Wasser abspülen, mit
3 Lorbeerblättern
1 Teel. Pimentkörnern (Nelkenpfeffer)
1 Teel. Wacholderbeeren
2 abgezogene, geviertelte Zwiebeln
1 Teel. Salz in einen hohen Kochtopf geben, mit so viel Wasser auffüllen, daß das Fleisch bedeckt ist
die Hälfte von
250 ml (1/4 l) Weißwein-Essig hinzugießen, zum Kochen bringen, abschäumen, etwa 2 Stunden kochen lassen
das gare Fleisch von den Knochen lösen, Schwarten und Fett abschneiden, zusammen mit den Knochen nochmals in die Brühe geben, aufkochen lassen, durch ein Tuch gießen, mit dem restlichen Essig,
Salz kräftig abschmecken
das Fleisch in Würfel schneiden
4 Essiggurken in Würfel schneiden, mit den Fleischwürfeln,
2 Eßl. Perlzwiebeln (aus dem Glas)
2 Eßl. gehackter Petersilie vermengen, in eine Schüssel geben oder auf Portionsteller verteilen, die Brühe darüber gießen, im Kühlschrank erstarren lassen.
Beigabe: Bratkartoffeln, Kräuter-Joghurt-Dressing (S. 191).

Eier in Estragon-Gelee

(6 Portionen - Abb. nebenstehend)

1 Zwiebel	abziehen
2-3 Stiele Estragon	waschen beide Zutaten mit
250 ml (1/4 l) entfetteter, kräftiger Fleischbrühe	zum Kochen bringen
1 kleine Möhre	putzen, schrappen, waschen, hinzufügen, zum Kochen bringen, 7-10 Minuten kochen lassen die Brühe durch ein Tuch gießen die Möhren mit einem Buntmesser in Scheiben schneiden
2 Päckchen Gelatine gemahlen, weiß	mit
6 Eßl. kaltem Wasser	anrühren, 10 Minuten zum Quellen stehenlassen die Brühe zum Kochen bringen, von der Kochstelle nehmen, die Gelatine hineingeben, so lange rühren, bis sie gelöst ist
500 ml (1/2 l) entfettete, kräftige Fleischbrühe	
125 ml (1/8 l) Sherry dry	hinzugießen, mit
Salz	
Pfeffer	
Sherry dry	abschmecken 6 hohe Förmchen (etwa 200 ml - 1/5 l Inhalt) mit kaltem Wasser ausspülen so viel von der Brühe hineingeben, daß der Boden bedeckt ist, im Kühlschrank erstarren lassen den Aspik-Spiegel mit Möhrenscheiben,
grünen Olivenscheiben, mit Paprika gefüllt	
Kerbelblättchen	garnieren, etwas von der Brühe darüber gießen, im Kühlschrank erstarren lassen
3 Scheiben gekochten Schinken	halbieren, in jede Schinkenhälfte eins von
6 weichgekochten, gepellten Eiern	wickeln, die Schinken-Röllchen in die Förmchen legen, die restliche Brühe darüber gießen, im Kühlschrank erstarren lassen vor dem Servieren die Förmchen kurz in heißes Wasser halten das Gelee mit einem Messer vorsichtig vom Rand der Förmchen lösen 6 Dessertteller mit
gewaschenen Salatblättern	belegen, das Gelee darauf stürzen, mit
Tomatenachteln	garnieren.

Huhn in Sherry-Aspik

1 küchenfertige Poularde (etwa 1 1/4 kg)	unter fließendem kaltem Wasser abspülen, in
1 1/2 l kochendes Salzwasser	geben, zum Kochen bringen, abschäumen
1 Bund Suppengrün	putzen, waschen, kleinschneiden, hinzufügen, zum Kochen bringen, etwa 25 Minuten mitkochen lassen
2 mittelgroße Möhren	putzen, schrappen, waschen, in die Brühe geben, in etwa 20 Minuten gar kochen lassen die gare Poularde aus der Brühe nehmen, erkalten lassen, von Haut und Knochen befreien, das Fleisch in Würfel schneiden die Möhren mit einem Buntmesser in Scheiben schneiden die Brühe durch ein Tuch gießen, erkalten lassen, entfetten, 750 ml (3/4 l) davon abmessen
2 Päckchen Gelatine gemahlen, weiß	mit
6 Eßl. kaltem Wasser	anrühren, 10 Minuten zum Quellen stehenlassen die abgemessene Brühe zum Kochen bringen, von der Kochstelle nehmen, die Gelatine hineingeben, so lange rühren, bis sie gelöst ist
100 ml Sherry dry **3 Eßl. Zitronensaft**	unterrühren, mit
Salz **Pfeffer** **Worcestersauce**	abschmecken eine Form oder Schüssel (etwa 1 1/2 l Inhalt) mit kaltem Wasser ausspülen so viel von der Sherry-Brühe hineingeben, daß der Boden bedeckt ist, im Kühlschrank erstarren lassen
2 Stengel Staudensellerie (etwa 150 g)	putzen, harte Fäden an der Außenseite der Stengel abziehen, die Stengel waschen, quer in Streifen schneiden, in
kochendes Salzwasser	geben, zum Kochen bringen, etwa 1 Minute kochen, kalt abspülen, abtropfen lassen
125 g Champignons	putzen, waschen, in das kochende Salzwasser geben, zum Kochen bringen, etwa 1 Minute kochen, kalt abspülen, abtropfen lassen, vierteln den Aspikspiegel mit den Möhrenscheiben,
Petersiliensträußchen	belegen, darauf abwechselnd etwas von dem Fleisch, den Möhren, dem Staudensellerie, den Champignons verteilen, so oft einschichten, bis alle Zutaten verbraucht sind, mit der restlichen Sherry-Brühe übergießen, im Kühlschrank erstarren lassen vor dem Servieren die Form kurz in heißes Wasser halten, die Sülze mit einem Messer vorsichtig vom Rand der Form lösen, auf eine Platte stürzen, mit
Petersilie **Möhren** **Staudensellerie**	garnieren.

Gefüllte Pastetchen

	Für die Füllung
2 kleine Zwiebeln	abziehen, fein würfeln
1 Eßl. Butter	zerlassen, Zwiebelwürfel,
1 gehäuften Eßl. Weizenmehl	unter Rühren so lange darin erhitzen, bis das Mehl hellgelb ist
250 ml (1/4 l) Sahne	hinzugießen, mit einem Schneebesen durchschlagen, darauf achten, daß keine Klumpen entstehen, die Soße zum Kochen bringen
etwa 300 g tiefgekühlte Erbsen	hinzufügen, zum Kochen bringen, etwa 6 Minuten dünsten lassen
200 g gekochten Schinken	in Streifen schneiden, hinzufügen, miterhitzen
2 Eigelb	mit
3 Eßl. Weißwein	verschlagen, das Ragout damit abziehen, mit
Salz, Pfeffer	würzen
gehackte Petersilie	unterrühren von
8 Blätterteigpasteten (fertig gekauft)	Hülsen und Deckel auf ein Backblech legen, im vorgeheizten Backofen aufwärmen
Strom:	200–225
Gas:	3–4
Zeit zum Aufwärmen:	Etwa 5 Minuten die Füllung heiß in die Pasteten geben die Deckel auf die Füllung legen, die Pasteten mit
Petersilie	garnieren, nach Belieben
Kräuter-Sahne-Mayonnaise	dazureichen.

Was sind Pasteten was sind Terrinen?

Eine Pastete ist eine mit Teig — überwiegend Blätterteig, Knetteig oder feinem Hefeteig — umgebene Farce, bestehend aus einer Fleisch-, Geflügel-, Wild-, Fisch- oder Gemüsemischung.
Pasteten werden in einer typischen Pastetenform oder auf dem Backblech im Backofen gebacken. Warm, mit Salat-Beilagen, kann eine Pastete als komplette Mahlzeit gereicht werden. Ebenso beliebt sind sie aber auch kalt als Vorspeise oder als dekorative und delikate Bereicherung eines Kalten Büfetts.

Terrinen dagegen sind sozusagen die reine Fülle, also eine würzige Fleisch-, Fisch- oder Gemüsemasse, die in geschlossenen Formen — Terrinenformen — im Wasserbad im Backofen gegart werden. Sie sind eine köstliche Vorspeise und unentbehrlicher Bestandteil des Kalten Büfetts oder einer Menüfolge.

Brühe für Aspik

500 g zerkleinerte Rindfleisch- oder Kalbsknochen	
250 g Rindfleisch (Beinscheibe)	
oder	
500 g zerkleinerte Geflügelknochen	
500 g Hühnerklein	
oder	
500 g zerkleinerte Wildknochen	
250 g Wildfleisch	
oder	
500 g Fischgräten	
250 g Fischfleisch	die Zutaten unter fließendem kaltem Wasser abspülen, in
1 1/2 l kaltes Salzwasser	geben, zum Kochen bringen, abschäumen
1 Bund Suppengrün	putzen, waschen, kleinschneiden, mit
1 kleinen Lorbeerblatt	
einigen Gewürzkörnern	in die Brühe geben, zum Kochen bringen, kochen lassen Knochen (Gräten) und Fleisch aus der Brühe nehmen die Brühe durch ein Sieb gießen, erkalten lassen, entfetten
Kochzeit	
für Fleischbrühe:	2–2 1/2 Stunden
für Geflügelbrühe:	Etwa 1 1/2 Stunden
für Wildbrühe:	2–2 1/2 Stunden
für Fischbrühe:	1–1 1/2 Stunden.
Veränderung:	Für eine pikant-würzige Fleischbrühe 1 mittelgroße abgezogene, geröstete Zwiebel, einige Speckschwarten oder Kasseler-Knochen mitkochen lassen für eine dunkle Wildbrühe Knochen, Fleisch, 1 abgezogene Zwiebel in Butter anbraten, dann erst mit Salzwasser auffüllen.

Madeira-, Wein- oder Sherry-Aspik

1 Päckchen Gelatine gemahlen, weiß	mit
5 Eßl. kaltem Wasser	anrühren, 10 Minuten zum Quellen stehenlassen
375 ml (3/8 l) Brühe für Aspik	abmessen, zum Kochen bringen, von der Kochstelle nehmen, die Gelatine hineingeben, so lange rühren, bis sie gelöst ist
4–8 Eßl. Madeira	
oder	
4–8 Eßl. Weißwein	

oder
4–8 Eßl. Sherry dry unterrühren, erkalten lassen
das Aspik kann zum Ausgießen von Pasteten, zum Übergießen von Terrinen und zum Glasieren von Aufschnitt, Braten, Geflügel oder Fisch verwendet werden.

Fisch in Gelee

1 Bund Suppengrün putzen, waschen
1 Zwiebel abziehen
beide Zutaten mit
500 ml (1/2 l) Salzwasser
1 Lorbeerblatt
2–3 Gewürzkörnern zum Kochen bringen, etwa 15 Minuten kochen lassen
500 g küchenfertigen Fisch (Kabeljau, Schellfisch, grüne Heringe) unter fließendem kaltem Wasser abspülen, zu dem Suppengrün geben, zum Kochen bringen, in 10–15 Minuten gar ziehen lassen, aus der Brühe nehmen, enthäuten, entgräten, erkalten lassen
die Brühe durch ein Tuch gießen, erkalten lassen, entfetten, mit Wasser auf 375 ml (3/8 l) auffüllen
knapp 125 ml (1/8 l) Essig unterrühren, mit
Salz abschmecken
1 Päckchen Gelatine gemahlen, weiß mit
5 Eßl. kaltem Wasser anrühren, 10 Minuten zum Quellen stehenlassen
die Brühe zum Kochen bringen, von der Kochstelle nehmen, die Gelatine hineingeben, so lange rühren, bis sie gelöst ist
eine Form mit kaltem Wasser ausspülen, so viel von der Brühe hineingeben, daß der Boden bedeckt ist, im Kühlschrank erstarren lassen, den Aspik-Spiegel mit
Gurkenstückchen
Eierscheiben
Tomatenscheiben garnieren, einige Eßl. Brühe darüber geben, wieder im Kühlschrank erstarren lassen
den erkalteten Fisch in Würfel schneiden, auf die erstarrte Brühe geben, die restliche Brühe darüber gießen, im Kühlschrank erstarren lassen
vor dem Servieren die Form kurz in heißes Wasser halten, die Sülze mit einem Messer vorsichtig vom Rand der Form lösen, auf eine Platte stürzen, mit
Zitronenspalten
Petersilie garnieren.

Quark-Terrine

250 g Grüne Bohnen	evtl. abfädeln, waschen
250 g dünne Möhren	putzen, schrappen, waschen
300 g Broccoli	putzen, waschen, schälen, in Röschen teilen, die Stiele schälen, in sehr feine Würfel schneiden
1 Stange Porree (etwa 125 g)	putzen, das dunkle Grün bis auf etwa 10 cm entfernen, die Stange längs halbieren, gründlich waschen das Gemüse nacheinander in
wenig kochende Instant-Fleischbrühe	geben, zum Kochen bringen, Bohnen 12–15 Minuten, Möhren etwa 8 Minuten, Broccoli etwa 3 Minuten, Porree etwa 5 Minuten dünsten lassen das Gemüse getrennt abtropfen lassen
100 g durchwachsener Speck	in sehr feine Streifen schneiden
4 Scheiben Toastbrot	entrinden, in feine Würfel schneiden
2 Zwiebeln	abziehen, fein würfeln den Speck etwas ausbraten lassen, die Zwiebelwürfel darin andünsten, die Toastwürfel darin leicht rösten, abkühlen lassen
1¼ kg Magerquark	gut abtropfen lassen, mit der Speck-Zwiebel-Brot-Masse,
4 Eiern	vermengen, mit
Salz	
Pfeffer	würzen eine Kastenform (30 x 11 cm) mit
Speiseöl	ausstreichen, mit den Porreestreifen auslegen abwechselnd ¼ der Quarkmasse, Möhren, ¼ der Quarkmasse, Broccoli, ¼ der Quarkmasse, Bohnen, restliche Quarkmasse einschichten, glattstreichen die einzelnen Schichten gut andrücken, damit keine Luftlöcher entstehen die Form mit Alufolie verschließen in die Mitte der Alufolie ein Loch einschneiden, damit der Dampf entweichen kann die Form in die Rostbratpfanne stellen, in den vorgeheizten Backofen schieben
1 l warmes Wasser	in die Rostbratpfanne gießen nach der Hälfte der Garzeit nochmals
etwa 750 ml (¾ l) warmes Wasser	hinzugießen
Strom:	200–225
Gas:	3–4
Garzeit:	Etwa 1¾ Stunden die gare Terrine beschweren, kalt stellen die Terrine auf eine Platte stürzen, nach Belieben mit
Basilikumblättchen	garnieren.

Schweinefleisch-Terrine

375 g mageres Schweinefleisch (Keule)	unter fließendem kaltem Wasser abspülen, trockentupfen, mit
Salz	
Pfeffer	bestreuen
1 Eßl. Pflanzenfett	erhitzen, das Fleisch etwa 10 Minuten darin von allen Seiten anbraten, mit
Paprika edelsüß	bestreuen, erkalten lassen
375 g Schweinekamm	
100 g fetter Speck	
	die drei Zutaten in Würfel schneiden, durch die feine Scheibe des Fleischwolfs drehen, mit
250 g Schweine-Hackfleisch	verrühren
150 g Pökelzunge	in Würfel schneiden
125 g Champignons	putzen, waschen, in Scheiben schneiden
1 Zwiebel	abziehen, fein würfeln
75 g Pistazienkerne	fein hacken
2 Eßl. gehackte Petersilie	
	die Zutaten mit der Schweinefleisch-Masse,
2 Eiern	
knapp 125 ml (1/8 l) Madeira	
knapp 125 ml (1/8 l) Sahne	verrühren, mit Salz, Pfeffer,
gerebeltem Salbei	
gerebeltem Thymian	würzen
	eine Rehrücken- oder Kastenform (etwa 30 cm Länge) mit
150 g frischen, fetten Speckscheiben (dünn geschnitten	auslegen, die Hälfte der Fleisch-Masse hineingeben, leicht andrücken, die Zungenwürfel darauf legen, die restliche Fleisch-Masse darauf geben, fest andrücken, die überhängenden Speckscheiben über der Fleisch-Masse zusammenklappen
	die Form mit Alufolie abdecken, in die Rostbratpfanne stellen, in den vorgeheizten Backofen schieben
1 l warmes Wasser	in die Rostbratpfanne gießen
	nach der Hälfte der Garzeit nochmals
etwa 750 ml (3/4 l) warmes Wasser	hinzugießen
Strom:	200–225
Gas:	3–4
Garzeit:	Etwa 1 1/2 Stunden
	von der garen Terrine das flüssige Fett abgießen
	die Terrine beschweren, mindestens 1 Tag kalt stellen
	die Terrine erst kurz vor dem Servieren stürzen.

Gefüllte Schinken-Röllchen in Aspik

2 Päckchen Gelatine gemahlen, weiß	mit 6 Eßl. von
750 ml (3/4 l) entfetteter, kräftiger Fleischbrühe	anrühren, 10 Minuten zum Quellen stehenlassen, die restliche Brühe zum Kochen bringen, von der Kochstelle nehmen, die Gelatine hineingeben, so lange rühren, bis sie gelöst ist, mit
2–3 Eßl. Weißwein-Essig	
Worcestersauce	
Salz	
Pfeffer	würzen 5 leere Quarktöpfchen mit kaltem Wasser ausspülen so viel von der Brühe hineingeben, daß der Boden bedeckt ist, im Kühlschrank erstarren lassen
250 g Fleischsalat (fertig gekauft)	auf
5 Scheiben gekochten Schinken	verteilen, den Schinken aufrollen, an den Enden gerade schneiden
2 hartgekochte Eier	pellen, in Scheiben schneiden jeweils 2 Scheiben mit
etwas Petersilie	auf jedem Aspik-Spiegel anordnen, darauf die Schinkenrollen legen
1 Gewürzgurke	längs halbieren, in Scheiben schneiden, seitlich entlang der Schinkenrollen legen, etwas von der Brühe darüber gießen, im Kühlschrank erstarren lassen die restliche Brühe auf die Töpfchen verteilen, im Kühlschrank erstarren lassen vor dem Servieren die Töpfchen kurz in heißes Wasser halten, das Aspik mit einem Messer vorsichtig vom Rand der Töpfchen lösen, auf mit
gewaschenen Salatblättern	ausgelegte Glasteller stürzen, mit
Tomatenachteln	
Petersilie	garnieren.
Beigabe:	Toast oder Bauernbrot, Butter.

Tip: *Beschweren von Terrinen.*
Eine Terrine läßt sich am besten beschweren, indem man auf die Masse eine doppelte Lage Alufolie legt und darauf ein Gefäß mit Wasser stellt (etwa in der Größe der Terrinenform).

Geflügelleber-Pastete

	Für die Füllung
1 große Zwiebel	abziehen, fein würfeln
2 Eßl. Speiseöl	erhitzen, die Zwiebelwürfel darin andünsten
500 g Geflügelleber	unter fließendem kaltem Wasser abspülen, trockentupfen, zu den Zwiebelwürfeln geben, gut anbraten
5 Eßl. Weinbrand oder Sherry dry ½ Teel. Pfeffer 2 Messerspitzen gemahlene Nelken 2 Messerspitzen geriebene Muskatnuß 1 Messerspitze gerebeltes Basilikum 1 Messerspitze gemahlenen Koriander 1 Teel. eingelegten grünen Pfeffer 10 zerdrückte Wacholderbeeren	hinzufügen, verrühren, die Leber etwa 1 Minute weiterbraten, erkalten lassen die Leber fein hacken, mit dem Bratensatz,
1 kg feiner Bratwurstmasse (ungebrüht)	zu einer geschmeidigen Masse verrühren, mit
Salz	abschmecken die Masse in eine Pastetenform geben, fest andrücken, damit keine Luftlöcher entstehen (die Form darf nur zu ¾ gefüllt sein) die Form auf dem Rost in den vorgeheizten Backofen schieben
Strom:	150–175, **Gas:** 2–3
Backzeit:	30–40 Minuten
	für den Teig
1 Packung (370 g) Brotmischung	mit
250 ml (¼ l) lauwarmem Wasser	nach der Vorschrift auf der Packung zubereiten den gegangenen Teig mit
Weizenmehl	bestäuben, aus der Schüssel nehmen, kurz durchkneten, auf der mit Mehl bestäubten Tischplatte etwa 1 cm dick ausrollen eine Platte in Größe der Pastetenform daraus schneiden, auf die vorgebackene Pastete legen (die Teigplatte nach Belieben mit einem Teil des restlichen Teiges garnieren, aus dem übrigen Teig Brötchen formen, mitbacken lassen) aus der Teigplatte einige etwa pfenniggroße Löcher ausstechen (nicht drücken)

	den Teig mit Wasser bestreichen die Pastetenform auf dem Rost in den vorgeheizten Backofen schieben
Strom:	200–225, **Gas:** 3–4
Backzeit:	30–35 Minuten.

Schinken in Kräuter-Gelee

(6–8 Portionen)

1 1/2 kg gepökelten Schinken (Unterschale, beim Schlachter vorbestellen)	waschen
750 ml (3/4 l) Wasser	mit
250 ml (1/4 l) trockenem Weißwein	zum Kochen bringen
1 Möhre	putzen, schrappen, waschen, kleinschneiden
1 Zwiebel	abziehen, mit
2 Gewürznelken	spicken
1 Knoblauchzehe	abziehen die Zutaten mit
4 Korianderkörnern **4 Pimentkörnern** **1 Lorbeerblatt** **3 Stengeln Petersilie** **einigen Rosmarinnadeln** **2 Salbeiblättchen** **1 Stengel Thymian**	in die Flüssigkeit geben, den Schinken hinzufügen, zum Kochen bringen, ab und zu wenden, in etwa 1 3/4 Stunden gar kochen, in der Brühe erkalten lassen, herausnehmen, in Würfel schneiden die Brühe durch ein Tuch gießen, erkalten lassen, entfetten, 750 ml (3/4 l) davon abmessen
2 Päckchen Gelatine gemahlen, weiß	mit 6 Eßl. von der Brühe anrühren, 10 Minuten zum Quellen stehenlassen die Brühe zum Kochen bringen, von der Kochstelle nehmen, die Gelatine hineingeben, so lange rühren, bis sie gelöst ist
2 Eßl. Weinbrand	mit
5 Eßl. Portwein	unterrühren, mit
Salz, Pfeffer	würzen eine Terrine (etwa 1 l Inhalt) mit kaltem Wasser ausspülen
6–7 Eßl. gehackte Petersilie	mit
2 Eßl. gehackten Kerbelblättchen	vermengen, abwechselnd mit den Schinkenwürfeln in die Terrine schichten, die Brühe darüber gießen, im Kühlschrank erstarren lassen.
Beigabe:	Bratkartoffeln, Remouladensoße (S. 198) oder Bauernbrot und Butter.

Häppchen, Schnittchen, Käsemischungen

Quark-Brot mit Radieschen

(1 Portion – Abb. S. 106/107)

1 Bund Radieschen	putzen, waschen die Hälfte der Radieschen fein hacken, die restlichen in dünne Scheiben schneiden
125 g Sahnequark	mit
1 Eßl. Dosenmilch	
1 Eßl. feingeschnittenem Schnittlauch	verrühren, mit
Salz	
Pfeffer	würzen die gehackten Radieschen und 2/3 der Radieschenscheiben unterheben
1 Scheibe Brot	mit
Butter	bestreichen den Radieschen-Quark darauf verteilen das Brot mit den restlichen Radieschenscheiben,
Radieschenröschen	garnieren, mit
feingeschnittenem Schnittlauch	bestreuen.

Käse-Creme auf Kräckers

100 g Speisequark	mit
100 g Doppelrahm-Frischkäse	
1/2 Teel. Salz	
Selleriesalz	
1 Teel. Zitronensaft	
3 Tropfen Tabasco	verrühren
1 hartgekochtes Ei	pellen, halbieren, das Eigelb durch ein Sieb streichen, unter die Quark-Käse-Masse rühren, evtl.
1 Eßl. Milch	unterrühren die Masse in einen Spritzbeutel mit gezackter Tülle füllen, auf
etwa 15 Kräckers	spritzen, mit
Möhrenscheiben	
Petersilie	
Oliven	
Kaviar	
Trüffelstreifen	
Cornichons (aus dem Glas)	
Piri-Piri (aus dem Glas)	
kleingehackten Paprikaschoten (rot und grün)	garnieren.

Braten-Röllchen

500–600 g Schinkenbraten
350 g gekochter Schinken
beide Zutaten in sehr dünne, möglichst gleich große Scheiben schneiden
150 g feine Leberwurst mit
2–3 Eßl. Weinbrand verrühren, mit
frisch gemahlenem Pfeffer würzen
jede Bratenscheibe dünn mit der Leberwurst-Masse bestreichen, jeweils 1 Scheibe Schinken darauf legen, aufrollen, die Rollen halbieren, mit Holzstäbchen feststecken

für die Marinade
1–2 Knoblauchzehen abziehen, zerdrücken, mit
5 Eßl. Wein-Essig
1 Teel. Salz
1 Eßl. gerebeltem Thymian
etwa 125 ml (1/8 l) Speiseöl vermengen
die Braten-Röllchen in eine tiefe Schüssel schichten, die Marinade darüber gießen, die Braten-Röllchen zugedeckt über Nacht darin ziehen lassen
kurz vor dem Servieren die Braten-Röllchen aus der Marinade nehmen, abtropfen lassen, in einer Schale mit
gewaschenen Salatblättern anrichten.
Beigabe: Stangenweißbrot, gemischter Salat.

Roquefort-Kugeln

50 g Butter geschmeidig rühren
100 g Roquefort-Käse mit einer Gabel zerdrücken, mit
1 Teel. gewiegten Kapern
1 Teel. Weinbrand unter die Butter rühren, mit
Pfeffer würzen, kalt stellen
mit nassen Händen aus der Masse kleine Kugeln formen, zunächst in
feingeriebenem Schwarzbrot dann in
gehackter Petersilie wenden
die Kugeln bis zum Verzehr kalt stellen.

Berliner Roastbeef-Schnitten

4 große Zwiebeln	abziehen, in Scheiben schneiden
4 Eßl. Speiseöl	erhitzen, die Zwiebelscheiben darin goldgelb braten, auf Küchenpapier abtropfen lassen
4 Scheiben Landbrot	mit
Butter	bestreichen
200–250 g Roastbeef (als Aufschnitt)	darauf verteilen
4 Eßl. grob geraspelten Meerrettich	darüber streuen, die Zwiebelringe darauf verteilen die Roastbeef-Schnitten mit
Tomatenachteln Petersilie	garnieren.

Kalbsmedaillons auf Toast mit sauce hollandaise

	Aus
4 Scheiben Toastbrot	runde Platten (Durchmesser etwa 8 cm) ausstechen, in einer Grillpfanne
Butter	erhitzen, die Toastbrotplatten darin von beiden Seiten rösten
4 Scheiben Kalbsfilet	etwas flach drücken
Margarine	erhitzen, die Filetscheiben von jeder Seite darin etwa 5 Minuten grillen, dabei ab und zu mit dem Bratensatz begießen, damit sie saftig bleiben die Medaillons mit
Salz Pfeffer	bestreuen, auf den Toastscheiben anrichten, mit
Kräutern (Estragon, glatter Petersilie)	garnieren
	für die sauce hollandaise
100 g Butter	zerlassen, etwas abkühlen lassen
2 Eigelb	mit
1 Teel. Estragon-Essig 2 Eßl. Wasser	im Wasserbad so lange schlagen, bis die Masse dicklich ist die Butter unterschlagen, die Soße mit
Salz Pfeffer Zucker Zitronensaft	würzen, bis zum Verzehr im Wasserbad warm halten, damit sie nicht gerinnt die Medaillons warm oder kalt mit der Soße servieren
Erhitzungszeit:	Etwa 6 Minuten.
Beigabe:	Grüner Salat.

Käse-Paprika-Scheiben

2–4 Paprikaschoten (grün und gelb)	waschen, trockentupfen, den oberen Teil mit dem Stielansatz abschneiden Kerne und weiße Scheidewände mit einem Löffel herauskratzen (Schoten dürfen nicht beschädigt werden)
	für die Füllung
3 hartgekochte Eier	pellen, das Eiweiß sehr fein hacken, das Eigelb durch ein Sieb streichen
100 g Butter	geschmeidig rühren, mit
200 g Doppelrahm-Frischkäse	verrühren, die Eier,
1 Becher (150 g) Crème fraîche	unterrühren, mit
Salz Pfeffer Paprika edelsüß Senf	würzen die Füllung in die Paprikaschoten geben, kalt stellen (am besten über Nacht) die Paprikaschoten kurz vor dem Verzehr in etwa 1 cm dicke Scheiben schneiden.
Beigabe:	Schwarzbrot.

Käse-Kranz

1 Ring (etwa 750 g) Brie-Käse	waagerecht einmal durchschneiden die untere Hälfte mit
2–3 Eßl. Preiselbeeren (aus dem Glas)	bestreichen
200 g Doppelrahm-Frischkäse	verrühren
125 ml (1/8 l) Schlagsahne	steif schlagen, unterheben, mit
Salz frisch gemahlenem weißem Pfeffer	würzen 2/3 der Creme in einen Spritzbeutel mit gezackter Tülle füllen, die restliche Creme auf das Preiselbeerkompott streichen, mit
50 g Walnußkernhälften	belegen (sollen am Rand zu sehen sein), mit der oberen Käsehälfte bedecken, gut andrücken den Käse-Kranz mit der Creme aus dem Spritzbeutel verzieren, mit
Preiselbeeren (aus dem Glas)	garnieren.

Apfelsinen-Käse-Häppchen

1–2 große Apfelsinen schälen, von der weißen Haut befreien, in dünne Scheiben schneiden
8 kleine Scheiben Vollkornbrot in Größe der Apfelsinenscheiben ausstechen, mit
Butter bestreichen, jeweils mit 1 Apfelsinenscheibe belegen, mit jeweils einem von
8 Stück Roquefort-Käse bedecken
1 Apfelsine (unbehandelt) dünn schälen, die Schale in feine Streifen schneiden die Apfelsinen-Käse-Häppchen damit garnieren.

Aal-Häppchen

3 Scheiben Vollkornbrot mit
Butter bestreichen, vierteln
1 mittelgroßen geräucherten Aal enthäuten, filetieren, in 12 Stücke schneiden auf jedes Brotviertel 1 Stück Aal legen die Aal-Häppchen mit
Zitronenstücken (unbehandelt)
Dill garnieren.

Roastbeef-Häppchen

4 Scheiben Graubrot mit
Butter bestreichen, vierteln
8 Scheiben Roastbeef (als Aufschnitt) halbieren, etwas zusammenfalten, die Brotstücke damit belegen, mit
Kapern garnieren.

Kümmel-Quark

(Ohne Abb.)

250 g Speisequark mit
4 Eßl. Sahne
1 gehäuften Teel. Kümmel verrühren, mit
Salz würzen, geschmeidig rühren.

Delikateß-Häppchen

2 Scheiben Vollkornbrot	mit
Butter	bestreichen, vierteln
1 Stück Salatgurke	waschen, abtrocknen, in 8 Scheiben schneiden
	auf jedes Brotstück jeweils 1 Gurkenscheibe legen, mit
Salz, Pfeffer	würzen, mit
feingehacktem Dill	bestreuen
etwa 150 g Shrimps oder Scampi	auf den Gurkenscheiben anrichten, mit
Dillzweigen	garnieren.

Bier-Brote

60 g weiche Butter	mit
1 Eßl. Senf	
1 Eßl. geriebenem Meerrettich (aus dem Glas)	verrühren, auf
2 große Scheiben Bauernbrot	streichen
1 Zwiebel	abziehen, fein würfeln, mit
125 g Thüringer Mett	
2 Eßl. hellem Bier	vermengen, mit
Salz	
Pfeffer	
einigen Tropfen Zwiebelwürze	würzen
	aus der Masse mit nassen Händen 2 Bällchen formen, jeweils 1 Bällchen auf jede Brotscheibe legen
2 große Scheiben Knochenschinken	auf den Brotscheiben anrichten
2 Gewürzgurken	fächerartig einschneiden
4 Radieschen	putzen, waschen
1 Zwiebel	abziehen, in Scheiben schneiden, in Ringe teilen
einige Perlzwiebeln (aus dem Glas)	
2 Maiskölbchen (aus dem Glas)	
2 eingelegte rote Pfefferschoten (aus dem Glas)	
	die drei Zutaten abtropfen lassen
2 kleine Rettiche	schälen, mit einem Rettichschneider Spiralen schneiden, die Spiralen etwas auseinanderziehen
	die Brote mit den Gewürzgurken, Radieschen, Zwiebelringen, Perlzwiebeln, Maiskölbchen, Pfefferschoten, Rettichspiralen,
Petersilie	garnieren.

Garnierte Kräckers

250 g Speisequark	evtl. abtropfen lassen, mit
1 Becher (150 g) Crème fraîche	verrühren, mit
Salz	
Paprika edelsüß	würzen
2 Teel. gemischte, gehackte Kräuter	unterrühren die Creme in einen Spritzbeutel mit gezackter Tülle füllen, auf
etwa 25 Kräckers	spritzen, nach Belieben mit
halbierten gefüllten Oliven	
Kapern	
Radieschenstücken	
Zwiebelringen (in Paprika gewendet)	
Gurkenscheiben	
Petersilie	
Kresse	
Dillspitzen	
Piri-Piri (aus dem Glas)	garnieren.

Börsen-Häppchen

4 Scheiben Weißbrot	toasten, mit
etwas Weinbrand	beträufeln, mit
Knoblauchpulver	bestreuen
8 Salatblätter	waschen, trockentupfen, jeweils 2 Salatblätter auf jede Brotscheibe legen, mit
Salz	bestreuen
4 kleine Tomaten	waschen, abtrocknen, Stengelansätze herausschneiden, die Tomaten in sehr dünne Scheiben schneiden, mit Salz bestreuen, auf den Salatblättern anrichten
2 Scheiben Ananas (aus der Dose)	abtropfen lassen, halbieren jede halbierte Ananasscheibe mit einer von
4 Scheiben durchwachsenem Speck	umwickeln, mit Holzstäbchen feststecken
Butter	zerlassen, die umwickelten Ananasscheiben darin von beiden Seiten etwas anbraten auf jede Brotscheibe 1 Speck-Ananasscheibe legen, jeweils mit 1 Eßl. von
4 Eßl. Weinbrand	beträufeln auf die Enden der Holzstäbchen
spanische Oliven, mit Paprika gefüllt	stecken.

Schmalz-Schnitten

2 große Zwiebeln	abziehen, in Scheiben schneiden
1 Eßl. Gänse- oder Griebenschmalz	zerlassen, die Zwiebelscheiben darin goldgelb braten, erkalten lassen
4 Scheiben Vollkornbrot	mit
40 g Gänse- oder Griebenschmalz	bestreichen, die erkalteten Zwiebelringe darauf verteilen
300 g Harzer Käse	in dicke Scheiben schneiden, auf den Zwiebelringen anrichten
	die Schnitten mit
Petersilie	garnieren.

Schnittlauch-Bällchen

200 g Doppelrahm-Frischkäse	mit
250 g französischem Frischrahmkäse (70%)	verrühren, mit
Salz	
Pfeffer	würzen, kalt stellen
	mit nassen Händen aus der Masse etwa 12 Bällchen formen, in
2 Bund feingeschnittenem Schnittlauch	wenden
	die Schnittlauch-Bällchen auf einer Glasplatte anrichten, bis zum Verzehr kalt stellen.

Pikante Avocado-Brote

1 reife Avocado	halbieren, entsteinen, das Fruchtfleisch aus der Schale lösen, mit
80 g Roquefort-Käse	
80 g weicher Butter	pürieren, mit
Zitronensaft	
weißem Pfeffer	würzen
4 Scheiben Vollkornbrot	mit etwas von der Avocado-Creme bestreichen
4–6 Tomaten	waschen, abtrocknen, die Stengelansätze herausschneiden, die Tomaten in Scheiben schneiden, jeweils 3 Scheiben schuppenförmig in die Mitte der Brote legen
	von
1 Kästchen Kresse	die Blättchen abschneiden, waschen, gut abtropfen lassen, ringsum die Tomatenscheiben auf den Broten verteilen

	die restliche Avocado-Creme in einen Spritzbeutel mit gezackter Tülle füllen, auf die Tomatenscheiben spritzen die Brote nach Belieben mit
Zitronenscheiben (unbehandelt)	garnieren.

Gepfefferte Schwedenhappen

2 Scheiben Vollkornbrot	mit
Butter	bestreichen, mit
1–2 Bund feingeschnittenem Schnittlauch	bestreuen, vierteln
etwa 125 g Schwedenhappen (aus dem Glas)	abtropfen lassen, auf den Brotstücken anrichten
2 Zwiebeln	abziehen, in Scheiben schneiden, in Ringe teilen, die Schwedenhappen damit garnieren, mit
frisch gemahlenem grünem Pfeffer	bestreuen.

Obatzter

75 g weiche Butter	geschmeidig rühren
250 g reifen Camembert	mit einer Gabel zerdrücken, unter die Butter rühren
1 kleine Zwiebel	abziehen, fein würfeln, mit
etwa 1 Teel. Senf	unter die Camembert-Masse rühren, mit
Salz	
Pfeffer	
Paprika edelsüß	würzen.

Tomaten-Quark

250 g Speisequark	mit
4 Eßl. Milch	
2 schwach gehäuften Eßl. Tomatenmark (aus der Tube)	verrühren, mit
Salz	
Zucker	würzen, geschmeidig rühren
1 kleine Zwiebel	abziehen, sehr fein würfeln, unterrühren.
Veränderung:	2 Eßl. gehackte Kräuter (Petersilie, Schnittlauch, Pimpinelle, Estragon, Kresse, Zitronenmelisse) unterrühren.

Schafskäse, eingelegt

(Abb. nebenstehend)

300 g bulgarischen Schafskäse	in große Würfel schneiden
2 rote Zwiebeln	
2 gelbe Zwiebeln	
	die Zwiebeln abziehen, in Scheiben schneiden, in Ringe teilen
1 Knoblauchzehe	abziehen
100 g schwarze Oliven	
2 Lorbeerblätter	
3 Chilischoten	
1 Teel. gerebelter Oregano	
Salz	
Pfeffer	
Glutamat	
	alle Zutaten in ein Gefäß geben
250 ml (1/4 l) Olivenöl	darüber verteilen, zugedeckt etwa 7 Tage kühl stellen.

Kräuter-Quark

250 g Speisequark	mit
2 Eßl. Milch	
3 schwach gehäuften Eßl. Crème fraîche	verrühren, mit
Salz	würzen, geschmeidig rühren
2 Eßl. feingeschnittenen Schnittlauch oder 2 Eßl. gemischte, gehackte Kräuter	unterrühren.

Camembert, gebacken

1 Packung Camembert (2 Hälften, nicht zu reif, gut gekühlt)	vierteln oder achteln, in
1 verschlagenen Ei	wenden, fest in
Semmelmehl	drücken, nochmals in dem restlichen Ei wenden, in das restliche Semmelmehl drücken
	die Käsestücke mit Hilfe eines Holzstäbchens in siedendes
Ausbackfett	geben, goldgelb backen (Käse darf nicht auslaufen).
Beilage:	Folienkartoffeln, Apfelspalten, Preiselbeeren.

Gefüllte Torteletts

(12 Stück)

300 g Champignons	putzen, waschen, in dünne Scheiben schneiden, mit
3 Eßl. Zitronensaft	beträufeln, mit
Salz	
Pfeffer	
italienischen Kräutern	würzen, mehrere Stunden durchziehen lassen
2 Eßl. Crème fraîche	unterrühren, mit Salz, Pfeffer abschmecken
6 Scheiben Mortadella	mit einem Ausstecher ausstechen (Durchmesser 8–9 cm) die Wurstscheiben einmal bis zur Mitte einschneiden, jeweils zu einer Tüte formen, in 6 von
12 Torteletts für salzige Füllungen (Durchmesser etwa 6 cm, fertig gekauft)	legen
6 Scheiben Salami	ebenfalls einmal bis zur Mitte einschneiden, zu Tüten formen, in die restlichen 6 Torteletts legen kurz vor dem Servieren die Champignons in die Wurst-Tüten füllen, die Torteletts mit
Basilikumblättchen	garnieren.

Apfel-Lebercreme-Törtchen

2 kleine säuerliche Äpfel	schälen, das Kerngehäuse mit einem Apfelausstecher ausstechen, die Äpfel in etwa 1 cm dicke Scheiben schneiden
Saft von 1 Zitrone	mit
2–3 Eßl. kaltem Wasser	verrühren, die Apfelscheiben kurz in das Zitronenwasser tauchen, trockentupfen, dick mit
etwa 175 g Leberpastete	bestreichen die bestrichenen Apfelscheiben mit einem runden, gezackten Förmchen (in Größe der Apfelscheiben) ausstechen, mit
spanischen Oliven, mit Mandeln gefüllt	
Petersilie	garnieren.

Canapés mit Lachs

	Aus
Weizenmischbrot-Scheiben	mit einer runden Ausstechform (Durchmesser etwa 4 cm) 10 Taler ausstechen

1 Eßl. Butter	
½–1 Eßl. Zitronensaft	geschmeidig rühren, mit
abgeriebener Zitronenschale (unbehandelt)	
Salz	
Pfeffer	würzen, die Brottaler damit bestreichen, kühl stellen
5 dünne Scheiben Räucherlachs	längs halbieren, in der Größe der Brottaler zu Röllchen formen, auf die Brottaler verteilen, darauf jeweils
etwas geriebenen Meerrettich (aus dem Glas)	geben die Canapés auf
gewaschenen Salatblättern	anrichten, mit
halbierten Zitronenscheiben (unbehandelt)	
Dillzweigen	garnieren.

Canapés mit Hähnchenbrust und Meerrettich-Mayonnaise

	Aus
Weizenmischbrotscheiben	mit einer runden Ausstechform (Durchmesser etwa 4 cm) 10 Taler ausstechen
Butter	in einer Pfanne zerlassen, die Brottaler von beiden Seiten darin goldbraun braten, auf Küchenpapier abtropfen, abkühlen lassen
125 g Hähnchenbrustfilet	abspülen, trockentupfen, mit
Salz, Pfeffer	bestreuen
1 Eßl. Speiseöl	erhitzen, das Filet von beiden Seiten darin goldbraun braten, auf Küchenpapier abtropfen, erkalten lassen, in kleine Scheiben schneiden
1 Eßl. Salatmayonnaise	mit
frisch geriebenem Meerrettich (oder Meerrettich aus dem Glas)	abschmecken aus Pergamentpapier eine Tüte formen, die Spitze so abschneiden, daß eine sehr kleine Öffnung entsteht die Mayonnaise in die Tüte füllen, etwas auf die Brottaler spritzen, mit einer Scheibe Filet belegen, etwas Mayonnaise auf das Fleisch spritzen, eine zweite Scheibe Fleisch darauf geben die Canapés mit der restlichen Mayonnaise,
etwa 20 Pistazienkernen	garnieren.

Pikante Spargel-Schnitten
(Abb. nebenstehend)

4 Scheiben Toastbrot	toasten, mit
Butter	bestreichen, mit
4 Scheiben Roastbeef (als Aufschnitt)	belegen
etwa 375 g gekochte Spargelspitzen	darauf anrichten
4 Eßl. Salatmayonnaise	mit
2–3 Eßl. Sahne	verrühren, über den Spargel verteilen die Schnitten mit
Mandarinenspalten Petersilie	garnieren.

Fischer-Schnitten

4 Scheiben Toastbrot	toasten, abkühlen lassen, mit
Butter	bestreichen
180 g Ölsardinen (aus der Dose)	abtropfen lassen, auf den Toastscheiben verteilen, mit
Zitronensaft	beträufeln, mit
frisch gemahlenem schwarzem Pfeffer	würzen
2 hartgekochte Eier	pellen, in Scheiben schneiden, auf die Ölsardinen legen die Schnitten nach Belieben mit
Zwiebelringen Tomaten-Ketchup oder Sardellenfilets oder Petersilie	garnieren.

Canapés mit Bündner Fleisch

	Aus
Weizenmischbrot-Scheiben	mit einer runden Ausstechform (Durchmesser etwa 4 cm) 10 Taler ausstechen
Butter	in einer Pfanne zerlassen, die Brottaler von beiden Seiten darin goldbraun braten, auf Küchenpapier abtropfen, abkühlen lassen
10 Scheiben Bündner Fleisch	etwas zusammenfalten, die Brottaler damit belegen
1 hartgekochtes Ei	pellen, halbieren, das Eigelb herauslösen, durch eine Knoblauchpresse auf die belegten Canapés drücken, mit
Minze	garnieren.

Satziki

100 g Speisequark	mit
1 Becher (150 g) Crème fraîche	verrühren
1–4 Knoblauchzehen (nach Belieben)	abziehen, zerdrücken
1 Stück Salatgurke (etwa 200 g)	schälen, halbieren, entkernen, in sehr kleine Würfel schneiden beide Zutaten unter den Quark rühren, mit
Salz Pfeffer	würzen, kalt stellen Satziki auf
gewaschenen Salatblättern	anrichten, mit
schwarzen Oliven	garnieren, mit
Olivenöl	beträufeln.

Canapés mit Käse-Creme und Kiwis

	Aus
Weizenmischbrot-Scheiben	mit einer runden Ausstechform (Durchmesser etwa 4 cm) 10 Taler ausstechen
Butter	in einer Pfanne zerlassen, die Brottaler von beiden Seiten darin goldbraun braten, auf Küchenpapier abtropfen, abkühlen lassen
150 g Doppelrahm-Frischkäse	mit
1 Eßl. Sahne	geschmeidig rühren, mit
abgeriebener Zitronenschale (unbehandelt)	abschmecken, die Masse kalt stellen, in einen Spritzbeutel mit Lochtüte füllen, auf die Brottaler spritzen
1 Kiwi	dünn schälen, längs halbieren, die Hälften in Scheiben schneiden, je eine halbe Scheibe in die Käse-Creme drücken.

Bunte Käse-Ecken

100 g Butter	geschmeidig rühren, mit
300 g Doppelrahm-Frischkäse	
3 Eßl. Sahne	verrühren, mit
Salz Pfeffer	würzen unter 1/3 der Käse-Creme

2–3 Eßl. gemischte, gehackte Kräuter	rühren
	unter die Hälfte der restlichen Creme
1–2 Eßl. Tomatenmark (aus der Tube)	rühren, mit
Paprika edelsüß	abschmecken
	die restliche Creme nochmals mit Salz, Pfeffer abschmecken
12 Scheiben Schwarzbrot	so mit Creme bestreichen und zusammensetzen, daß jeweils 1 grüne, 1 rote, 1 weiße Schicht entsteht
	die Schwarzbrotschnitten beschweren, kalt stellen (am besten über Nacht), in Ecken schneiden.

Schinken-Kiwi-Brote

4 Scheiben Vollkornbrot	mit
Butter	bestreichen
4 Salatblätter	waschen, trockentupfen
	jeweils 1 Salatblatt auf jede Brotscheibe legen
2 Kiwis	schälen, in Scheiben schneiden, mit
200 g Lachsschinken (als Aufschnitt, ohne Fettrand)	auf den Salatblättern anrichten.

Canapés mit Parmaschinken und Melonenkugeln

	Aus
Weizenmischbrot-Scheiben	mit einer runden Ausstechform (Durchmesser etwa 4 cm) 10 Taler ausstechen
Butter	in einer Pfanne zerlassen, die Brottaler von beiden Seiten darin goldbraun braten, auf Küchenpapier abtropfen, abkühlen lassen
5 dünne Scheiben Parmaschinken	längs halbieren, die Scheiben etwas zusammenfalten, die Brottaler damit belegen
½ kleine Ogenmelone	entkernen, mit einem Kartoffelausstecher 10 Kugeln aus dem Fruchtfleisch stechen, jeweils 1 Melonenkugel auf jede Schinkenscheibe legen, mit
frisch gemahlenem Pfeffer	bestreuen.

Fisch, Krusten- und Schalentiere

Klassisches Krebsessen

(Abb. S. 126/127)

2 kg Krebse (etwa 20 Krebse)	gründlich unter fließendem kaltem Wasser bürsten
1–2 Bund Suppengrün	putzen, waschen, kleinschneiden
2 mittelgroße Zwiebeln	abziehen, vierteln
2–3 Stengel Einmachdill	abspülen
5 l Wasser	mit
6 Eßl. Salz	
½ Teel. Kümmel	zum Kochen bringen, Suppengrün, Zwiebelviertel, Dillzweige hinzufügen, zum Kochen bringen, etwa 5 Minuten kochen lassen, 2 Krebse mit dem Kopf zuerst hineingeben, zum Kochen bringen (dabei färben sich die Krebse rot)
	paarweise nach und nach die anderen Krebse hinzufügen, bei jeder Partie das Wasser immer wieder zum Kochen bringen, den Vorgang so lange wiederholen, bis alle Krebse im Sud sind, etwa 10 Minuten kochen lassen
	eine große Schüssel mit
2 Bund gewaschenem Dill	auslegen, die noch heißen Krebse darauf legen
	den Sud durch ein Sieb geben, über die Krebse geben, 10–12 Stunden kalt stellen
	die Krebse vor dem Anrichten nochmals kurz in dem Sud erwärmen, herausnehmen, mit
Dillzweigen	garniert servieren.
Beigabe:	Stangenweißbrot, Toast, Butter.

Garnelen in Pernod-Rahm

12 große Garnelen (etwa 1¼ kg)	unter fließendem kaltem Wasser abspülen
750 ml (¾ l) Wasser	mit
1 gestrichenen Teel. Salz	
1 Messerspitze Pfeffer	
1 Eßl. Anissamen	zum Kochen bringen, die Garnelen hineingeben, zum Kochen bringen, in etwa 10 Minuten gar ziehen, abtropfen lassen, noch warm aus den Schalen lösen
	für die Soße
1 Becher (150 g) Crème fraîche	mit
2–3 Eßl. Pernod	
1 Messerspitze gemahlenem Ingwer	verrühren, mit
Salz	würzen
	die Garnelen auf

gewaschenen Feldsalatblättern	anrichten
	die Soße mit
gehackten Pistazienkernen	bestreuen, dazureichen.
Beigabe:	Weißbrotscheiben, in Butter geröstet.

Krabben mit Mayonnaise

	Für die Mayonnaise
1 Eigelb	mit
1 Eßl. Zitronensaft	
1 Eßl. Tomaten-Ketchup	
Salz	
1 Teel. Zucker	zu einer dicklichen Masse schlagen
125 ml (1/8 l) Salatöl	nach und nach unterschlagen
375 g frische gepulte Nordsee-Krabben	auf vier Schälchen verteilen
	die Mayonnaise darüber geben
	die Krabben nach Belieben mit
Zitronenscheiben (unbehandelt)	
kandierten roten Kirschen	
Kräutern	garnieren.
Beigabe:	Toast.

Hallig-Frühstück

1 Becher (150 g) Crème fraîche	mit
3 Eßl. Joghurt	
1 Teel. Zwiebelwürfeln	verrühren, mit
Salz	
Currypulver	
Worcestersauce	würzen
2–3 Eßl. gehackte Kräuter (Dill, Petersilie, Kresse)	unterrühren, mit der Hälfte von
200 g frischen gepulten Nordsee-Krabben	vermengen, in einer flachen Schale anrichten, die restlichen Krabben in die Mitte geben
4 hartgekochte Möwen- oder Hühnereier	pellen, halbieren, um die Krabben legen
	das Hallig-Frühstück mit
Kresseblättchen	garnieren.
Beigabe:	Graubrot, Butter.

Sherry-Sardinen

600 g küchenfertige Sardinen	unter fließendem kaltem Wasser abspülen, trockentupfen, mit dem
Saft von 1 Zitrone	beträufeln, etwa 15 Minuten stehenlassen, trockentupfen, mit
Salz	
weißem Pfeffer	würzen, in
2 Eßl. Weizenmehl	wenden
50 g Butter	in einer Stielpfanne zerlassen
2 Eßl. Speiseöl	hinzufügen, die Sardinen darin in 3–5 Minuten von beiden Seiten knusprig braun braten, herausnehmen, trockentupfen, erkalten lassen
	für die Marinade
250 ml (1/4 l) Wasser	mit
3 Eßl. Sherry-Essig	in einen Topf geben
2 Zwiebeln	abziehen
1 Möhre	putzen, schrappen, waschen
1 kleine Stange Porree	putzen, das dunkle Grün bis auf etwa 10 cm entfernen, die Stangen gründlich waschen die drei Zutaten in feine Scheiben schneiden (Porree evtl. nochmals waschen), mit
1 Teel. Senfkörnern	
1/2 Teel. Pfefferkörnern	
1 Messerspitze gemahlenem Ingwer	
Salz, Zucker	in einen Topf geben, zum Kochen bringen, etwa 15 Minuten kochen lassen
500 ml (1/2 l) Sherry	
1–2 getrocknete Chilischoten	hinzufügen, kurz miterhitzen, die Sardinen in einer Schale anrichten, die Marinade darüber gießen, abkühlen lassen die Sherry-Sardinen etwa 2 Tage an einem kühlen Ort stehenlassen.
Beilage:	Bratkartoffeln oder kräftiges Brot.

Karpfen mit sauce vinaigrette

1 küchenfertigen Karpfen (1 1/2–2 kg)	unter fließendem kaltem Wasser abspülen, trockentupfen, innen und außen mit
Salz, Pfeffer	würzen ein Stück Alufolie extra-stark mit
Speiseöl	bestreichen, den Fisch darin einwickeln, die Folie locker, aber dicht verschließen, auf ein Backblech legen, in den vorgeheizten Backofen schieben
Strom:	225–250

Gas: 6–7
Dünstzeit: 50–60 Minuten
den garen Fisch auf einer Platte anrichten, erkalten lassen

für die sauce vinaigrette
10 Eßl. Salatöl mit
2 Eßl. Essig gut verschlagen
2 hartgekochte Eier pellen, fein hacken, mit
1 gehäuften Eßl. gehackter Petersilie
1 Teel. feingeschnittenem Schnittlauch
1 Eßl. gehackten Kerbelblättchen
1 Eßl. gehackten Basilikumblättchen unterrühren
die Soße mit Salz, Pfeffer würzen
den Karpfen mit
Petersilie
Tomatenachteln
Eierscheiben
Zitronenscheiben (unbehandelt) garnieren
die sauce vinaigrette dazureichen.
Beigabe: Weißbrot, Toast oder kleine Pellkartoffeln.

Rollmöpse

6 Salzheringe 12–24 Stunden wässern, ausnehmen, die Köpfe abschneiden, die innere schwarze Haut abziehen, die Heringe noch einmal abspülen, danach an der Rückseite der Länge nach aufschneiden, entgräten, trockentupfen, die Hälften mit
1 schwach gehäuften Eßl. Senf bestreichen
2 kleine Gewürzgurken in kleine Stücke schneiden
2 Zwiebeln abziehen, fein würfeln, mit
1 Eßl. Kapern auf die Heringshälften geben, vorsichtig aufrollen, mit Holzstäbchen feststecken
die Rollmöpse mit
8 Pfefferkörnern
2 kleinen Lorbeerblättern in einen Steintopf legen
gut 125 ml (gut 1/8 l) Wasser
gut 125 ml (gut 1/8 l) Essig darüber geben
die Rollmöpse können nach 4–6 Tagen gegessen werden.

Gebeizte Forelle mit Dill-Soße

(4–5 Portionen – Abb. nebenstehend)

1 küchenfertige Forelle (etwa 1 kg)	unter fließendem kaltem Wasser abspülen, trockentupfen, in zwei Längshälften teilen, das Rückgrat entfernen, die Forelle entgräten die eine Hälfte der Forelle mit der Haut nach unten in eine Schale legen
2 Bund grob gehackten Dill	darauf verteilen
1 Eßl. Salz	mit
1 Eßl. Zucker	
2 Eßl. frisch gemahlenem weißem Pfeffer	vermischen, über den Fisch streuen, nach Belieben mit
½ Teel. Weinbrand	beträufeln, die andere Fischhälfte mit der Haut nach oben darauf legen, mit Alufolie bedecken, darauf ein Brett (größer als der Fisch) legen, mit z. B. 2–3 geschlossenen, gefüllten Konservendosen gleichmäßig beschweren die Forelle an einem kühlen Ort (Kühlschrank) 2–3 Tage stehenlassen, ab und zu mit der sich sammelnden Beize begießen die Forelle aus der Beize nehmen, trockentupfen, enthäuten, die Forellenfilets auf einer Platte anrichten
	für die Dill-Soße
4 Eßl. scharfen Senf	mit
1 Teel. Senfpulver	
3 Eßl. Zucker	
2 Eßl. Wein-Essig	verrühren, nach und nach
5 Eßl. Salatöl	unterschlagen
3 Eßl. gehackten Dill	unterrühren die Soße zu dem Fisch reichen.

Eingelegte Heringe

6 Salzheringe	12–24 Stunden wässern, ausnehmen, die Köpfe abschneiden, die innere schwarze Haut abziehen, die Heringe noch einmal abspülen, danach an der Rückseite der Länge nach aufschneiden, entgräten, enthäuten
3 mittelgroße Zwiebeln	abziehen, in Scheiben schneiden, mit den Heringen,
2 Lorbeerblättern	
8 Pfefferkörnern	in einen Steintopf legen die Heringsmilch durch ein Haarsieb streichen, mit
250 ml (¼ l) Essig	
125 ml (⅛ l) Wasser	zu einer Soße verrühren, über die Heringe verteilen die Heringe können nach 2–3 Tagen gegessen werden.
Veränderung:	Einige Eßl. saure Sahne in die Soße rühren.

Emder Matjes mit Grünen Bohnen und Pellkartoffeln

8 Matjesfilets	evtl. 1–2 Stunden wässern, gut abtropfen lassen
	für die Pellkartoffeln
750 g kleine Kartoffeln	waschen, in
2 l Salzwasser	geben
Kümmel	hinzufügen, zum Kochen bringen, in 20–25 Minuten gar kochen lassen, die Kartoffeln abgießen, noch heiß pellen, in einer vorgewärmten Schüssel anrichten, mit
feingehackter Petersilie	bestreuen, warm stellen
	für die Bohnen
1 Eßl. Butter	zerlassen
125 ml (1/8 l) heiße Instant-Fleischbrühe	hinzugießen, mit
Salz	
Pfeffer	würzen
1–2 Zweige Bohnenkraut	
750 g Grüne Bohnen (vorbereitet gewogen)	
	beide Zutaten waschen, in die Brühe geben, die Bohnen in etwa 15 Minuten gar dünsten lassen, nach Belieben mit Salz, Pfeffer abschmecken, in einer vorgewärmten Schüssel anrichten (Bohnenkraut entfernen)
150 g durchwachsenen Speck	in Würfel schneiden, auslassen, über die Bohnen geben, warm stellen die Matjesfilets mit
125 g Zwiebelringen	auf einer Platte anrichten, Pellkartoffeln und Bohnen dazureichen.

Schollenfilets im Knusper-Mantel

100 g Weizenmehl	in eine Schüssel sieben, mit
1 Teel. Trockenhefe	sorgfältig vermischen
1/2 Teel. Zucker	
Salz	
1 Ei	
125 ml (1/8 l) lauwarmes Wasser	hinzufügen, alles mit einem elektrischen Handrührgerät mit Rührbesen zuerst auf der niedrigsten, dann auf der höchsten Stufe in etwa 5 Minuten zu einem Teig verarbeiten
100 g durchwachsenen Speck	in feine Streifen schneiden

2 Eßl. abgezogene, in Stifte geschnittene Mandeln	beide Zutaten unter den Teig rühren den Teig an einem warmen Ort so lange gehen lassen, bis er doppelt so hoch ist, ihn dann auf der höchsten Stufe nochmals gut durchrühren
4 Schollenfilets (etwa 300 g)	unter fließendem kaltem Wasser abspülen, trockentupfen, mit
Zitronensaft	beträufeln, etwa 15 Minuten stehenlassen, trockentupfen, mit Salz,
Pfeffer	würzen, in den Teig tauchen, in siedendem
Ausbackfett	in etwa 5 Minuten hellbraun backen, auf Küchenpapier abtropfen, erkalten lassen
Remouladensoße (S. 198)	zubereiten, auf eine Platte geben, die Schollenfilets mit
Zitronenscheiben (unbehandelt) Salatblättern	darauf anrichten, nach Belieben mit
gebräunten, in Stifte geschnittenen Mandeln kroß gebratenen Speckstreifen	bestreuen.

Eingelegte Dill-Makrelen

4 küchenfertige Makrelen (etwa 1 kg)	unter fließendem kaltem Wasser abspülen, trockentupfen, enthäuten, filetieren
2–3 große rote Zwiebeln	abziehen, in Scheiben schneiden, in Ringe teilen die Fischfilets in eine Glas- oder Steingutschüssel legen, die Zwiebelringe darauf verteilen
	für die Marinade
8 Eßl. Essig	mit
knapp 250 ml (1/4 l) Wasser 10–15 Pfefferkörnern 2–3 Lorbeerblättern einigen Wacholderbeeren Salz 1 Eßl. Zucker	zum Kochen bringen, etwa 5 Minuten kochen, abkühlen lassen, über die Fischfilets gießen die Dill-Makrelen können nach 1–2 Tagen gegessen werden vor dem Servieren mit
feingehacktem Dill	bestreuen
Beigabe:	Schwarzbrot, Butter.

Salzheringe in Sahne-Soße

(Abb. nebenstehend)

4 Salzheringe	12–24 Stunden wässern, ausnehmen, die Köpfe abschneiden, die innere schwarze Haut abziehen, die Heringe noch einmal abspülen, danach an der Rückseite der Länge nach aufschneiden, entgräten, nach Belieben enthäuten
	für die Sahne-Soße
4–5 Zwiebeln	abziehen
2 mittelgroße Gewürzgurken	
	beide Zutaten in Scheiben schneiden
375 ml (3/8 l) Sahne	mit
etwa 4 Eßl. Essig	
einigen Senfkörnern	
einigen Pfefferkörnern	verrühren, Gurken- und Zwiebelscheiben mit
1 Lorbeerblatt	hinzufügen die Heringe in die Soße legen, etwa 24 Stunden darin liegenlassen.
Beilage:	Pellkartoffeln oder Weißbrot.

Gemischte Fischplatte

3 Matjesfilets	1–2 Stunden wässern, gut abtropfen lassen, evtl. trockentupfen, aufrollen, mit
3 Eßl. Meerrettich-Sahne (S. 198)	füllen
4 geräucherte Forellenfilets	enthäuten
250 g Räucheraal	enthäuten, entgräten, filetieren von
450 g geräuchertem Bückling	den Kopf abschneiden
250 g Schillerlocken	
	alle Zutaten in mundgerechte Stücke schneiden
200 g Räucherlachs (in Scheiben)	
250 g Kieler Sprotten	
200 g frische gepulte Nordsee-Krabben	
	eine große Platte mit
gewaschenen Salatblättern	auslegen, die Krabben in die Mitte geben, die anderen Fischsorten mit auf der Platte anrichten, mit
Zitronenscheiben (unbehandelt)	
Dillzweigen	garnieren.

Geräucherte Schollen auf Gemüse-Salat

	Für den Gemüse-Salat
250 g Pellkartoffeln	noch heiß pellen, abkühlen lassen, in Würfel schneiden
250 g gedünstete Erbsen	
60 g gedünstete Champignons	
	für die Salatsoße
3 Eßl. Mayonnaise	mit
2 Eßl. Crème fraîche	
2 Eßl. Joghurt	verrühren, mit
Salz, Pfeffer	
Essig	würzen, mit den Salatzutaten vermengen den Salat durchziehen lassen, mit Salz, Pfeffer, Essig abschmecken
2 geräucherte Schollen (etwa 600 g)	enthäuten, entgräten die Schollenfilets auf dem Gemüse-Salat anrichten, mit
Tomatenachteln	
Petersilie	garnieren.

Lachs-Röllchen Gourmet

4 Eier	mit
2 Eßl. Milch	
1 Bund feingeschnittenem Schnittlauch	verschlagen, mit
Salz	
Pfeffer	würzen
1 Eßl. Butter	in einer Stielpfanne zerlassen, die Eiermilch hineingeben, sobald die Masse zu stocken beginnt, sie mit einem Löffel strichweise vom Boden der Pfanne losrühren, so lange weiter erhitzen, bis keine Flüssigkeit mehr vorhanden ist, aus der Pfanne nehmen, erkalten lassen das Rührei gleichmäßig auf
8 Scheiben Räucherlachs	verteilen, die Scheiben aufrollen, auf
gewaschenen Salatblättern	anrichten die Lachs-Röllchen mit
gekochten Spargelspitzen	
in Scheiben geschnittenen, mit Paprika gefüllten Oliven	
Kresseblättchen	garnieren.
Beigabe:	Toast, Butter.

Schollenfilets auf Toast

	Für die Mayonnaise
1 Eigelb	mit
1 Teel. Senf	
1 Eßl. Zitronensaft	
Salz	
1 gestrichenen Teel. Zucker	zu einer dicklichen Masse schlagen
125 ml (1/8 l) Salatöl	nach und nach unterschlagen
1 Eßl. Tomaten-Ketchup	mit
1 Eßl. feingeschnittenem Schnittlauch	unterrühren
4 Schollenfilets (etwa 300 g)	unter fließendem kaltem Wasser abspülen, trockentupfen, in etwa 3 cm große Stücke schneiden, mit
Zitronensaft	beträufeln, etwa 15 Minuten stehenlassen, trockentupfen, mit Salz,
Pfeffer	bestreuen, in
Weizenmehl	wenden, in siedendem
Ausbackfett	in 2–3 Minuten hellbraun backen, warm stellen
4 Scheiben Weißbrot	toasten, die fritierten Schollenstückchen auf dem Toast anrichten, die Mayonnaise darüber verteilen.

Kräuter-Matjes

8 Matjesfilets	1–2 Stunden in
Mineralwasser	wässern, trockentupfen
	für die Soße
3 Zwiebeln	abziehen
1/2 Salatgurke	waschen, abtrocknen oder schälen
2 mittelgroße Äpfel	schälen, vierteln, entkernen die drei Zutaten in feine Würfel schneiden, mit
2 Bechern (je 150 g) Crème fraîche	
2 Eßl. Wein-Essig	
2 Eßl. Weißwein	verrühren, mit
Salz, Pfeffer	würzen
1 Bund feingeschnittenen Schnittlauch	mit
1 Bund gehacktem Dill	vermengen, die Matjesfilets darin wenden die Soße auf eine Platte geben, die Kräuter-Matjes darauf anrichten.

Lachs mit Tataren-Soße

(Abb. nebenstehend)

4 Scheiben Lachs (Salm, je 200–250 g)	unter fließendem kaltem Wasser abspülen, trockentupfen, mit
Zitronensaft	beträufeln, etwa 15 Minuten stehenlassen, mit
Salz, Pfeffer	würzen
	4 Stück Alufolie mit
Butter	bestreichen, je 1 Fischscheibe darin einwickeln, die Folie locker, aber dicht verschließen, auf ein Backblech legen, in den vorgeheizten Backofen schieben
Strom:	225–250
Gas:	6–7
Dünstzeit:	25–30 Minuten
	die Folienpäckchen aus dem Backofen nehmen, den garen Fisch erkalten lassen
	für die Tataren-Soße
3 Eßl. Mayonnaise	mit
3 Eßl. saurer Sahne	verrühren
2 hartgekochte Eier	pellen, fein hacken, mit
1 Eßl. feingeschnittenem Schnittlauch	
1–2 Teel. gehackter Petersilie	
1 Teel. gehacktem Dill	unterrühren, mit Salz, Pfeffer abschmecken
	die Lachsscheiben dünn mit
Speiseöl	bestreichen, auf
gewaschenen Salatblättern	anrichten, mit
Petersilie	garnieren, die Soße dazureichen.

Eingelegte Bratheringe

1 kg Grüne Heringe	schuppen, Flossen und Köpfe abschneiden, die Fische ausnehmen, die innere schwarze Haut abziehen, die Heringe unter fließendem kaltem Wasser abspülen, trockentupfen
2 Eßl. Weizenmehl	mit
Salz	mischen, die Heringe darin wenden
6 Eßl. Speiseöl	erhitzen, die Heringe von jeder Seite in 3–4 Minuten darin goldbraun braten lassen
2 mittelgroße Zwiebeln	abziehen, in Scheiben schneiden, mit den Heringen,
1 Eßl. Senfkörnern	
8 Pfefferkörnern	in einen Topf legen
250 ml (1/4 l) Essig	
125 ml (1/8 l) Wasser	darüber geben
	die Heringe können nach 4–6 Tagen gegessen werden.

Taschenkrebse mit Senf-Soße

4–6 große Taschenkrebse	gründlich unter fließendem kaltem Wasser bürsten
1 Bund Suppengrün	putzen, waschen, kleinschneiden
1 Zwiebel	abziehen, vierteln
1 1/2 l Wasser	mit dem Suppengrün, den Zwiebelvierteln,
2 Teel. Salz	zum Kochen bringen, die Taschenkrebse hineingeben (dabei färben sich die Krebse rot), in etwa 25 Minuten gar kochen, in dem Sud erkalten lassen die Taschenkrebse auf einer Platte anrichten, mit
Zitronenachteln (unbehandelt) Dillzweigen	garnieren
	für die Senf-Soße
4 Eßl. Mayonnaise (S. 196)	mit
1 Eßl. scharfem Senf	verrühren, mit
Salz, Pfeffer Zucker	würzen die Senf-Soße zu den Taschenkrebsen reichen.
Beigabe:	Stangenweißbrot, Butter.

Forellenfilet-Teller

(6 Portionen)

1 Päckchen und 1 gestrichenen Teel. Gelatine gemahlen, weiß	mit
4 Eßl. kaltem Wasser	anrühren, 10 Minuten zum Quellen stehenlassen
375 ml (3/8 l) entfettete, kräftige Fleischbrühe	mit
4 Wacholderbeeren 1 kleinen abgezogenen Zwiebel einigen Pfefferkörnern 1 Briefchen Safranfäden	zum Kochen bringen, etwa 5 Minuten kochen lassen, durch ein Tuch gießen, die Brühe wieder zum Kochen bringen, von der Kochstelle nehmen, die Gelatine hineingeben, so lange rühren, bis sie gelöst ist
250 ml (1/4 l) Weißwein 1 Eßl. Weißwein-Essig	unterrühren, mit
Salz, Pfeffer Tabasco	abschmecken
2 hartgekochte Eier	pellen, in Scheiben schneiden

2 Tomaten	waschen, abtrocknen, die Stengelansätze herausschneiden, die Tomaten in Scheiben schneiden
6 geräucherte Forellenfilets	enthäuten
150 g gekochte Spargelspitzen	
	die Zutaten auf 6 Tellern anrichten, mit
Dillzweigen	garnieren
	die Brühe auf die 6 Teller verteilen, im Kühlschrank erstarren lassen
	für die Meerrettich-Soße
1 Becher (150 g) Crème fraîche	mit
1–2 Eßl. geriebenem Meerrettich (aus dem Glas)	verrühren, mit
Zitronensaft	
Salz	würzen.

Meeraal, mariniert

800 g küchenfertigen, enthäuteten Meeraal	unter fließendem kaltem Wasser abspülen, trockentupfen, in Portionsstücke schneiden, mit dem Saft von
1/2 Zitrone	beträufeln, etwa 15 Minuten stehenlassen
4 Zwiebeln	abziehen
2 Möhren	putzen, schrappen, waschen
1/2 Stange Porree	putzen, waschen
	die drei Zutaten in Scheiben schneiden (Porree evtl. nochmals waschen)
250 ml (1/4 l) Essig	mit
500 ml (1/2 l) herbem Weißwein	
250 ml (1/4 l) Wasser	in einen Topf geben, das Gemüse,
1 Bund gehackte Petersilie	
1 Teel. weiße Pfefferkörner	
2 Gewürznelken	
1 Teel. Senfkörner	
5 getrocknete Chilischoten	
1 1/2 Teel. Salz	hinzufügen, zum Kochen bringen, etwa 20 Minuten kochen, den Meeraal hineingeben, zum Kochen bringen, in 20–25 Minuten gar ziehen, in dem Sud erkalten lassen, nach Belieben mit Salz,
Essig	abschmecken
2 Eßl. Olivenöl	hinzufügen, 1–2 Tage kühl stellen.
Beigabe:	Stangenweißbrot, Butter.

Fleisch

Gefülltes Kräuterfilet mit Gorgonzola-Creme

(Etwa 6 Portionen – Abb. S. 144/145)

1 kg Rinderfilet (aus der Mitte geschnitten)	unter fließendem kaltem Wasser abspülen, trockentupfen, evtl. Haut und Sehnen entfernen
50 g Pinienkerne	in einer Pfanne ohne Fett hellbraun rösten, abkühlen lassen, mahlen
1 Zwiebel	
1 Knoblauchzehe	
	beide Zutaten abziehen, in feine Würfel schneiden
1 Eßl. Speiseöl	erhitzen, Zwiebel- und Knoblauchwürfel darin glasig dünsten lassen, mit den gemahlenen Pinienkernen,
1 gehäuften Eßl. Crème fraîche	verrühren, mit
Salz, Pfeffer	würzen
1 Eßl. Kräuter der Provence	
2 Eßl. gemischte, gehackte Kräuter	unterrühren
	das Filet längs einschneiden, mit der Kräutermasse füllen, mit Küchengarn umwickeln, in eine längliche, feuerfeste Form legen
1 Knoblauchzehe	abziehen, durchpressen, mit
3 Eßl. Speiseöl	verrühren, mit
Salz	
Pfeffer	würzen
1 Eßl. Kräuter der Provence	
2 Eßl. gemischte, gehackte Kräuter	unterrühren
	das Filet von allen Seiten mit der Masse bestreichen, zugedeckt etwa 2 Stunden stehenlassen
	die Form ohne Deckel auf dem Rost in den vorgeheizten Backofen schieben
	das Fleisch während des Bratens 2–3 mal wenden
Strom:	225–250
Gas:	6–7
Bratzeit:	Etwa 40 Minuten
	das gare Filet erkalten lassen, das Küchengarn entfernen, das Filet in Scheiben schneiden, auf einer Platte anrichten, mit
kleinen Tomaten	
Kräutersträußchen	garnieren
	für die Gorgonzola-Creme
1 Becher (150 g) Crème fraîche	anschlagen

125 g Gorgonzola-Käse durch ein Sieb streichen, mit der Crème fraîche verrühren wenn eine sehr glatte Creme gewünscht wird, kann die Masse nochmals kurz mit dem elektrischen Handrührgerät verrührt werden.

Beigabe: Toast oder Stangenweißbrot.

Hackbraten mit grünem Pfeffer und gewürfelten Möhren

250 g Möhren putzen, schrappen, waschen, in
kochendes Salzwasser geben, zum Kochen bringen, 8–10 Minuten kochen, abtropfen lassen, in Würfel schneiden
1 Brötchen in kaltem Wasser einweichen, gut ausdrücken
1 mittelgroße Zwiebel abziehen
250 g durchwachsener Speck
beide Zutaten in kleine Würfel schneiden, mit dem Brötchen,
600 g Gehacktem (halb Rind-, halb Schweinefleisch)
3 Eiern
1 Teel. gerebeltem Majoran
1 Teel. gerebeltem Thymian
25 g zerdrücktem grünem Pfeffer vermengen, mit
Salz
geschrotetem weißem Pfeffer würzen, die Masse gut durcharbeiten, evtl. nochmals mit Salz, Pfeffer,
gerebeltem Majoran
gerebeltem Thymian abschmecken
in eine gefettete Königskuchenform (25 cm Länge) die Hälfte der Hackfleisch-Masse geben, glattstreichen
die vorbereiteten Möhrenwürfel,
1 Bund feingehackte Petersilie darüber verteilen, den restlichen Fleischteig darüber geben, glattstreichen, nach Belieben auf der Teigoberfläche mit einem Messer der Länge nach eine Vertiefung eindrücken
1 Eßl. grünen Pfeffer in die Vertiefung geben
die Form auf dem Rost in den vorgeheizten Backofen schieben
Strom: 200–225, **Gas:** 3–4
Bratzeit: Etwa 1 Stunde
von dem garen Hackbraten den herausgetretenen Fleischsaft abgießen, den Hackbraten aus der Form nehmen, in Scheiben schneiden, auf einer Platte anrichten.

Frühlings-Platte mit Avocado-Creme

(In der Bratfolie – 4 bis 6 Portionen)

1 kg Schweinefleisch (Oberschale)	unter fließendem kaltem Wasser abspülen, trockentupfen, evtl. Haut und Fett entfernen, mit
Salz	
Pfeffer	würzen, auf ein genügend großes Stück Bratfolie legen, die Folie verschließen, auf dem Rost in den vorgeheizten Backofen schieben
Strom:	200
Gas:	Etwa 3 ½
Bratzeit:	Etwa 1½ Stunden
4 Stangen Staudensellerie (etwa 300 g)	putzen, harte Fäden an der Außenseite der Stengel abziehen, die Stengel waschen, in etwa 5 cm lange Stücke schneiden
2 mittelgroße Stangen Porree	putzen, das dunkle Grün bis auf etwa 10 cm entfernen, den Porree längs halbieren, in etwa 5 cm lange Stücke schneiden, gründlich waschen von
2 Fenchelknollen (etwa 500 g)	das Grün abschneiden, die Knollen putzen, waschen, vierteln oder achteln
2 große Möhren	putzen, schrappen, waschen, in etwa 5 cm lange (½ cm dicke) Stifte schneiden das Gemüse nacheinander in
kochendes Salzwasser	geben, zum Kochen bringen Staudensellerie 1–2 Minuten kochen lassen, Porree 2–3 Minuten, Fenchel etwa 8 Minuten, Möhren etwa 5 Minuten, zuletzt
4–6 kleine Tomaten	kurze Zeit hineingeben (nicht kochen lassen), in kaltem Wasser abschrecken, enthäuten, die Stengelansätze herausschneiden das Gemüse gut abtropfen lassen, in eine große, flache Schüssel legen
	für die Marinade
3 Eßl. Salatöl	mit
3 Eßl. Kräuter-Essig	verrühren, mit
Salz	
Pfeffer	
Zucker	würzen, über das Gemüse verteilen von Zeit zu Zeit die Marinade in einer Ecke der Schüssel zusammenfließen lassen, erneut über das Gemüse geben, 2–3 Stunden durchziehen, abtropfen lassen das gare Fleisch erkalten lassen, in dünne Scheiben schneiden, mit dem Gemüse auf einer großen Platte anrichten, mit
Petersilie	garnieren

für die Avocado-Creme

1 reife Avocado halbieren, entsteinen, dünn schälen, das Fruchtfleisch pürieren oder mit einer Gabel zerdrücken

1 Eßl. Zitronensaft unterrühren

1 Knoblauchzehe abziehen, durchpressen, hinzufügen

125 ml (1/8 l) Speiseöl eßlöffelweise unterrühren, mit Pfeffer,

Zwiebelsalz

Zitronensaft würzen, in die ausgehöhlten Avocadohälften spritzen, mit

Petersilie garnieren, mit auf der Platte anrichten.

Beigabe: Bauernbrot.

Tip: Avocado-Creme möglichst erst kurz vor dem Servieren zubereiten, da sich bei längerem Stehen das Öl evtl. von der Avocadomasse trennt.

Rindfleisch mit Gemüse

1 kg schieres Rindfleisch unter fließendem kaltem Wasser abwaschen, trockentupfen

2 Eßl. Olivenöl erhitzen, das Fleisch von allen Seiten gut darin anbraten, mit

Salz würzen

1 Bund Suppengrün putzen, waschen

3 Zwiebeln

1 Knoblauchzehe

beide Zutaten abziehen, halbieren, mit dem Suppengrün zu dem Fleisch geben, durchdünsten lassen

250 ml (1/4 l) Rotwein

1 1/2 l Fleischbrühe

1-2 Lorbeerblätter

gerebelten Thymian hinzufügen, zum Kochen bringen, in etwa 1 1/2 Stunden gar kochen lassen

das Fleisch aus der Brühe nehmen, erkalten lassen

die Brühe durch ein Sieb gießen

für das Gemüse

von

1 Kopf Wirsing die äußeren Blätter entfernen, den Wirsing halbieren oder vierteln, den Strunk herausschneiden

250 g Möhren putzen, schrappen

250 g Grüne Bohnen abfädeln

von

250 g Zucchini die Enden abschneiden

das Gemüse waschen, die Zucchini in Scheiben schneiden

die Bohnen in die kochende Fleischbrühe geben, zum Kochen bringen, 15-20 Minuten kochen, abtropfen lassen

das Fleisch in Scheiben schneiden, mit dem Gemüse auf einer Platte anrichten

das Gemüse mit

gehackter Petersilie bestreuen.

Beigabe: Kräuter-Soße, Bauernbrot.

Fleisch-Klößchen auf syrische Art

(Abb. nebenstehend)

750 g Lammfleisch	unter fließendem kaltem Wasser abspülen, trockentupfen, von Fett und Haut befreien, mit
250 g gekochten Möhren	durch die feine Scheibe des Fleischwolfs drehen
1–2 Knoblauchzehen	abziehen, zerdrücken, mit
150 g gekochtem Reis (50 g Rohware)	
2 Eiern	zu der Fleischmasse geben, vermengen, mit
Salz, Pfeffer	
Currypulver	würzen, die Masse gut durcharbeiten aus dem Fleischteig etwa 50 walnußgroße Klößchen formen, die Hälfte in
etwa 10 Eßl. Sesam	wälzen die Klößchen in siedendem
Ausbackfett	portionsweise jeweils etwa 5 Minuten backen, auf Haushaltspapier abtropfen lassen, heiß oder kalt servieren
	für die Soße
1 Becher (150 g) Crème fraîche	mit
1 Becher (150 g) Joghurt	verrühren, mit Salz, Pfeffer würzen, dazureichen.

Gefüllte Schnitzel

	Für die Füllung
300 g ungebrühte Bratwurst	aus der Haut drücken, mit
abgeriebener Schale von 1/2 Zitrone (unbehandelt)	
1 Teel. feingehackten Kapern	
oder	
1 Teel. zerdrücktem grünem Pfeffer	vermengen
4 Schweineschnitzel (mit eingeschnittener Tasche, je 175–200 g)	mit der Masse füllen, mit Holzstäbchen zustecken, mit
Salz, Pfeffer	bestreuen
40 g Butterschmalz	erhitzen, die Schnitzel von jeder Seite etwa 10 Minuten darin braten, erkalten lassen, auf einer Platte anrichten oder die Schnitzel in etwa 2 cm dicke Scheiben schneiden, schuppenförmig auf der Platte anrichten, mit
Kresse	
Zitronenscheiben (unbehandelt)	garnieren.

Mariniertes Lammfleisch, türkisch

1¾ kg Lammfleisch (aus der Keule, ohne Knochen)	unter fließendem kaltem Wasser abspülen, trockentupfen, von Fett und Haut befreien, in knapp ½ cm dicke Scheiben schneiden
	für die Marinade
3 Zwiebeln	abziehen, fein würfeln
3 Knoblauchzehen	abziehen, zerdrücken beide Zutaten mit
8 Eßl. Olivenöl	
3 Eßl. Zitronensaft	
2 Teel. gerebeltem Thymian	verrühren, mit
Salz	
frisch gemahlenem weißem Pfeffer	würzen, die Fleischscheiben mit der Marinade bestreichen, in eine Schüssel schichten, mit Alufolie abdecken, über Nacht durchziehen lassen das Fleisch aus der Marinade nehmen, die Zwiebelmasse etwas abstreichen
Speiseöl	in einer Bratpfanne erhitzen einen Teil der Fleischscheiben nebeneinander hineinlegen, von jeder Seite 2–3 Minuten braten lassen, in eine Schüssel geben, mit Pfeffer bestreuen das restliche Fleisch auf die gleiche Weise zubereiten Marinade, Zwiebelmasse mit
4 Eßl. Wasser	
4 Eßl. trockenem Weißwein	zu dem Bratensatz geben, durchdünsten lassen, mit
Zucker	abschmecken, über die Fleischscheiben geben, erkalten lassen die Fleischscheiben ab und zu mit der Flüssigkeit begießen
1 kg Fleischtomaten	waschen, abtrocknen, die Stengelansätze herausschneiden, die Tomaten halbieren, entkernen, in Würfel schneiden
2–3 Knoblauchzehen	abziehen, zerdrücken, über die Tomatenwürfel geben
2–3 Eßl. Olivenöl	mit
2–3 Eßl. Zitronensaft	verrühren, mit Salz, Pfeffer würzen
gehackte Estragonblättchen	unterrühren, mit den Tomatenwürfeln vermengen den Salat durchziehen lassen, evtl. nochmals mit Salz, Pfeffer abschmecken, evtl. etwas von der Flüssigkeit abgießen die Fleischscheiben aus der Marinade nehmen, auf einer tiefen Platte anrichten, etwas von der Marinade darüber geben die Tomatenwürfel als Kranz um das Fleisch geben

	für die Soße
1 Becher (150 g) Crème fraîche	mit
1 Becher (150 g) Joghurt	verrühren, mit Salz, Pfeffer, Zucker würzen, zu dem Fleisch reichen.
Beigabe:	Fladenbrot.

Filet, pikant

750 g Schweinefilet	unter fließendem kaltem Wasser abspülen, trockentupfen, Haut und Sehnen entfernen, mit
Salz	
Pfeffer	
gerebeltem Majoran oder gehackten Majoranblättchen	würzen
250 g durchwachsenen Speck	in Scheiben schneiden, das Fleisch damit umwickeln, in eine feuerfeste Form legen
	die Form auf dem Rost in den vorgeheizten Backofen schieben
Strom:	Etwa 225
Gas:	5–6
Bratzeit:	30–35 Minuten
	das gare Schweinefilet erkalten lassen, in Scheiben schneiden, auf einer Platte anrichten, mit
Petersilie	
Tomatenachteln	garnieren
	für die Soße
1 Eigelb	mit
1 Teel. mittelscharfem Senf	
1 Teel. Essig	
1 gestrichenen Teel. Salz	
Pfeffer	zu einer dicklichen Masse schlagen
125 ml (1/8 l) Salatöl	nach und nach unterschlagen
2 Eßl. Joghurt	unterrühren
2 mittelgroße Tomaten	waschen, abtrocknen, die Stengelansätze herausschneiden, die Tomaten halbieren, entkernen
1–2 hartgekochte Eier	pellen
1 Gewürzgurke	
	die drei Zutaten in kleine Würfel schneiden, mit
1 Eßl. gemischten, gehackten Kräutern	unter die Soße rühren, mit Salz, Pfeffer würzen.
Beigabe:	Toast, Grüner Salat.

Hackbraten, griechische Art

2 Brötchen	in kaltem Wasser einweichen, gut ausdrücken
125 g durchwachsenen Speck	in Würfel schneiden
1 Eßl. Speiseöl	erhitzen, die Speckwürfel darin ausbraten
2 Zwiebeln	abziehen, würfeln
2 Knoblauchzehen	abziehen, zerdrücken beide Zutaten zu dem Speck geben, glasig dünsten, erkalten lassen, mit den Brötchen,
1 kg Rindergehacktem 3 Eiern 2 Eßl. gehackter Petersilie 2 Eßl. feingeschnittenem Schnittlauch 1 Eßl. Tomatenmark	vermengen, mit
Salz, Pfeffer Rosenpaprika	würzen, die Masse gut durcharbeiten, mit Salz, Pfeffer, Rosenpaprika abschmecken
175 g Schafskäse	mit einer Gabel zerdrücken, mit
6 Eßl. Sahne gerebeltem Thymian gerebeltem Basilikum	verrühren eine Pieform (Durchmesser etwa 26 cm) oder eine flache Auflaufform mit
Speiseöl	ausstreichen, die Hälfte des Fleischteiges hineingeben, glattstreichen, die Schafskäse-Masse darauf geben, am Rand 1–2 cm frei lassen, mit der restlichen Fleischmasse bedecken, glattstreichen, mit Speiseöl beträufeln die Form auf dem Rost in den vorgeheizten Backofen schieben nach etwa 40 Minuten Backzeit den Hackbraten mit
3 Lorbeerblättern	belegen, mit
1–2 Eßl. Pinienkernen	bestreuen
Strom:	Etwa 200, **Gas:** 3–4
Backzeit:	Etwa 1 Stunde
	für das Tomaten-Ketchup
2 Zwiebeln 2 Knoblauchzehen	beide Zutaten abziehen, in feine Würfel schneiden, mit
500 g Tomaten (aus der Dose) 3 Eßl. Rotwein-Essig	zum Kochen bringen, etwa 15 Minuten dünsten lassen die Masse durch ein Sieb streichen
2 Teel. Dijon-Senf 1 Eßl. Zucker 1 Teel. gemahlenen Zimt	hinzufügen, das Tomaten-Ketchup in 20–30 Minuten dicklich einkochen lassen, mit Salz, Pfeffer,
Chilipulver	würzen, mit dem Hackbraten warm oder kalt servieren.

Zwiebel-Koteletts mit Senf-Creme

4 Schweinekoteletts (je 175–200 g)	unter fließendem kaltem Wasser abspülen, trockentupfen, mit
Salz	
Pfeffer	bestreuen, dünn mit
Dijon-Senf	bestreichen
4 Zwiebeln	
2 Knoblauchzehen	
	beide Zutaten abziehen, in kleine Würfel schneiden, auf den Koteletts verteilen, etwas andrücken, auf ein mit
4 Eßl. Speiseöl	bestrichenes Backblech legen, in den vorgeheizten Backofen schieben
Strom:	225–250
Gas:	4–5
Bratzeit:	30–35 Minuten
	die garen Koteletts auf einer Platte anrichten, mit
Petersilie	garnieren, warm oder kalt servieren
	für die Senf-Creme
1 Becher (150 g)	
Crème fraîche	mit
1 1/2 –2 Teel.	
Dijon-Senf	verrühren, mit Salz,
Currypulver	würzen, zu den Koteletts reichen.
Tip:	Koteletts im Backofen zu braten ist besonders bei großen Mengen empfehlenswert.

Fruchtig gefüllte Koteletts

4 Koteletts mit eingeschnittener Tasche (je etwa 250 g)	unter fließendem kaltem Wasser abspülen, trockentupfen
4 kleine Scheiben Ananas (aus der Dose)	abtropfen lassen, mit
4 Scheiben rohem Schinken	umlegen
	in jede Kotelett-Tasche eine Schinken-Ananas-Scheibe geben, die Koteletts mit Holzstäbchen feststecken
1–2 Eßl. Butterschmalz	erhitzen, die Koteletts von jeder Seite 7–8 Minuten darin braten
	die garen Koteletts auf einer Platte anrichten, mit
Salz	
frisch gemahlenem weißem Pfeffer	würzen, mit
Petersilie	garnieren, warm oder kalt servieren.

Kalbsschnitzel auf römische Art

(Abb. nebenstehend)

	Von
8 Kalbsschnitzeln	
(je 80–90 g)	evtl. die Haut entfernen
3 Eßl. Olivenöl	erhitzen, die Schnitzel darin von jeder Seite etwa 2 Minuten braten, mit
Salz	
Pfeffer	bestreuen
8 Scheiben Parmaschinken (in der Größe der Schnitzel)	in dem Bratfett von beiden Seiten anbraten
16 frische Salbeiblättchen	hinzufügen, miterhitzen jedes Schnitzel mit 1 Salbeiblättchen belegen, jeweils 1 Schinkenscheibe darauf legen die Schnitzel zur Hälfte überklappen jeweils 1 Salbeiblättchen mit einem Holzstäbchen darauf feststecken den Bratensatz mit
125 ml (1/8 l) Weißwein	loskochen, über die Schnitzel geben, warm oder kalt servieren.
Beigabe:	Stangenweißbrot, Tomaten-Salat.

Filet-Zöpfe mit Madagaskar-Soße

4 lange Schweinefilets	
(je 225–250 g)	unter fließendem kaltem Wasser abspülen, trockentupfen, Haut und Sehnen entfernen jedes Filet vom dickeren Ende beginnend zweimal längs durchschneiden, dabei am dickeren Ende einen mit 1–2 cm breiten Rand stehenlassen die Filets zu Zöpfen flechten, an den Enden mit Holzstäbchen feststecken, mit
Salz, Pfeffer	
Paprika edelsüß	würzen
2 Eßl. Butterschmalz	erhitzen, die Filetzöpfe von allen Seiten etwa 30 Minuten darin braten, erkalten lassen, auf einer Platte anrichten, mit
Petersilie	garnieren
	für die Madagaskar-Soße
1 Becher (150 g)	
Crème fraîche	mit
3 Eßl. Tomaten-Ketchup	
1 Teel. zerdrücktem	
grünem Pfeffer	verrühren, mit Salz,
Chilipulver	würzen.

Kalbsnuß auf provencalische Art

(In der Bratfolie – 8 bis 10 Portionen)

1 Kalbsnuß (2–2 1/2 kg)	unter fließendem kaltem Wasser abspülen, trockentupfen, evtl. Fett entfernen, mit
Salz frisch gemahlenem weißem Pfeffer Kräutern der Provence	würzen
2 Knoblauchzehen	abziehen, durchpressen, das Fleisch damit bestreichen ein genügend großes Stück Bratfolie mit knapp der Hälfte von
125 g durchwachsenen Speckscheiben (sehr dünn geschnitten)	belegen, das Fleisch darauf legen, mit dem restlichen Speck bedecken, die Folie verschließen, auf dem Rost in den vorgeheizten Backofen schieben
Strom:	200
Gas:	Etwa 3 1/2
Bratzeit:	Etwa 2 1/4 Stunden das gare Fleisch aus dem Backofen nehmen, kurze Zeit ruhen lassen, erst dann die Bratfolie öffnen, das Fleisch erkalten lassen, in Scheiben schneiden, auf einer Platte anrichten, nach Belieben mit dem Bratensatz glasieren (s. Rezept Brühe für Aspik S. 98)
	für die Spinat-Häufchen
1 kg Spinat	sorgfältig verlesen, die harten Stengel entfernen, den Spinat gründlich waschen, tropfnaß in einen Topf geben, zugedeckt 3–4 Minuten dünsten, abtropfen lassen, grob hacken
1–2 Knoblauchzehen	abziehen, durchpressen, mit
3 Eßl. Olivenöl	verrühren, mit dem Spinat vermengen, mit
Zitronensaft Salz frisch gemahlenem weißem Pfeffer Zucker	würzen, gut durchziehen lassen die Masse auf 8–10 kleine Tassen oder Förmchen verteilen, fest andrücken
4–5 große Fleischtomaten (etwa 1 kg)	waschen, abtrocknen, quer halbieren, die Stengelansätze herausschneiden, die Tomaten in eine flache gefettete Auflaufform setzen, mit Salz, Pfeffer bestreuen
2 Knoblauchzehen	abziehen, durchpressen, die Tomatenhälften damit beträufeln
3 Eßl. gehackte Petersilie	darüber verteilen, mit
2–3 Eßl. Pinienkernen	bestreuen, mit

1 Eßl. Olivenöl	beträufeln die Form auf dem Rost in den vorgeheizten Backofen schieben
Strom:	200–225
Gas:	Etwa 4
Dünstzeit:	25–30 Minuten die erkalteten Tomatenhälften abwechselnd mit den gestürzten Spinat-Häufchen auf der Fleischplatte anrichten, mit
Kräutern	garnieren.
Beigabe:	Stangenweißbrot.

Kasseler mit Obst-Beilage

1 kg Kasseler Rippenspeer (vom Knochen gelöst)	unter fließendem kaltem Wasser abspülen, trockentupfen, mit
Ingwerpulver	einreiben, mit
5–7 Gewürznelken	spicken, in einen Bratentopf legen
1 Eßl. Pflanzenfett	erhitzen, über das Fleisch geben den gewaschenen, abgetrockneten Knochen hinzufügen, den Topf auf dem Rost in den vorgeheizten Backofen schieben das Fleisch während des Bratens ab und zu mit dem Bratensatz begießen
Strom:	Etwa 200
Gas:	3–4
Bratzeit:	Etwa 50 Minuten das gare Fleisch erkalten lassen, den Knochen entfernen, das Fleisch in Scheiben schneiden, auf einer Platte anrichten
	für die Obst-Beilage
etwa 150 g Litschis (aus der Dose)	abtropfen lassen, evtl. halbieren, mit
10 g eingelegtem Ingwer	
3 Eßl. Ingwer-Sirup	erhitzen, erkalten lassen, in
4 gedünstete Pfirsichhälften	füllen
etwa 130 g Kirschen (aus dem Glas)	in
4 Eßl. trockenem weißem Portwein	erhitzen, erkalten lassen, in
4 gedünstete Birnenhälften	füllen die gefüllten Pfirsich- und Birnenhälften auf der Fleischplatte anrichten, mit
1 Eßl. Kokosraspeln	bestreuen.
Beigabe:	Stangenweißbrot.

Mandel-Medaillons
(4–5 Portionen)

800 g Schweinefilet	unter fließendem kaltem Wasser abspülen, trockentupfen, Haut und Sehnen entfernen, das Filet in 1½ -2 cm dicke Scheiben schneiden, mit
Salz, Pfeffer	würzen
	die Filetscheiben zunächst in
1 verschlagenen Ei	dann in
75–100 g abgezogenen, gehobelten Mandeln	wenden, die Mandeln gut andrücken
40 g Butterschmalz	erhitzen, die Filetscheiben darin von beiden Seiten 5–7 Minuten braten
	die Medaillons erkalten lassen, auf einer Platte anrichten, mit
Brunnenkresse	garnieren
	für die Soße
3 Eßl. Mayonnaise (Rezept S. 196)	mit
2 Eßl. Crème fraîche	
2 Eßl. Joghurt	verrühren
2 Tomaten	kurze Zeit in kochendes Wasser legen (nicht kochen lassen), in kaltem Wasser abschrecken, enthäuten, die Stengelansätze herausschneiden, die Tomaten halbieren, entkernen
1 Gewürzgurke	
	beide Zutaten in Würfel schneiden
1 Teel. zerdrückter grüner Pfeffer	
1 Eßl. gehackter Dill	
	die vier Zutaten unterrühren
	die Soße mit Pfeffer abschmecken, zu den Medaillons reichen.

Gefüllter Rollbraten, bäuerlich
(In der Bratfolie)

	Von
1¼ kg magerem Schweinebauch (ohne Schwarte)	den Knochen vom Schlachter auslösen lassen, das Fleisch unter fließendem kaltem Wasser abspülen, trockentupfen, quer so tief einschneiden, daß das Fleisch zu einem großen Stück auseinandergeklappt werden kann
	die Innenseite des Fleischstückes mit
Senf	bestreichen, mit
Salz, Pfeffer	
Paprika edelsüß	bestreuen
500 g Thüringer Mett	darauf streichen
2 Zwiebeln	abziehen, würfeln, mit

2 Teel. eingelegten grünen Pfefferkörnern	auf dem Mett verteilen
	das Fleisch von der schmalen Seite her aufrollen, mit einem Faden umwickeln, mit Salz, Pfeffer bestreuen, auf ein genügend großes Stück Bratfolie legen
3 Zwiebeln	abziehen, vierteln
1 Bund Suppengrün	putzen, waschen, grob zerkleinern
	den ausgelösten Knochen abspülen, trockentupfen, mit den Zwiebelvierteln, dem Suppengrün um das Fleisch legen
	die Folie verschließen, auf dem Rost in den vorgeheizten Backofen schieben
Strom:	200
Gas:	Etwa 3 1/2
Bratzeit:	2–2 1/4 Stunden
	das gare Fleisch aus dem Backofen nehmen, kurze Zeit ruhen lassen, erst dann die Bratfolie öffnen
	das Fleisch erkalten lassen, in Scheiben schneiden, auf einer Platte anrichten.
Beigabe:	Gemischte Salate.

Rippe mit Backobst

(In der Bratfolie – 8 bis 10 Portionen)

250 ml (1/4 l) Wasser	mit
125 ml (1/8 l) Madeira	
1 Stange Zimt	
3 Gewürznelken	zum Kochen bringen
500 g gemischtes Backobst	hinzufügen, zum Kochen bringen, etwa 10 Minuten kochen, in der Flüssigkeit erkalten, abtropfen lassen
1 Schweine- oder Kasseler Rippe (mit eingeschnittener Tasche, 1 3/4–2 kg)	unter fließendem kaltem Wasser abspülen, trockentupfen, mit
Salz, Pfeffer	
Paprika edelsüß	einreiben, mit dem Backobst füllen, die Rippe zunähen, auf ein genügend großes Stück Bratfolie legen, die Folie verschließen, auf dem Rost in den vorgeheizten Backofen schieben
Strom:	200
Gas:	Etwa 3 1/2
Bratzeit:	Etwa 1 3/4 Stunden
	das gare Fleisch aus dem Backofen nehmen, kurze Zeit ruhen lassen, erst dann die Bratfolie öffnen, das Fleisch erkalten lassen, in Scheiben schneiden, auf einer Platte anrichten.
Beigabe:	Bauernbrot, Butter.

Kalbs-Röllchen Clarissa

2 Eßl. getrocknete Steinpilze	in
125 ml (1/8 l) Wasser	etwa 12 Stunden einweichen, abtropfen lassen, kleinhacken, mit der Einweichflüssigkeit,
3 Eßl. Semmelmehl	
1 Ei	
150 g rohem feingewürfeltem Schinken	
2 Eßl. gehackter Petersilie	
gerebeltem Basilikum	verrühren, mit
Salz	
Pfeffer	würzen
8 dünne, lange Kalbsschnitzel (je etwa 80 g)	von einer Seite dünn mit
Rôtisseur-Senf	bestreichen, die Füllung darauf verteilen, glattstreichen die Schnitzel aufrollen, mit einem Faden umwickeln
3 Eßl. Olivenöl	erhitzen, die Kalbs-Röllchen von allen Seiten darin 10 Minuten anbraten
125 ml (1/8 l) Weißwein	hinzugießen, zugedeckt etwa 15 Minuten schmoren lassen, während der Schmorzeit einmal wenden die Kalbs-Röllchen aus der Schmorflüssigkeit nehmen, erkalten lassen, in 1–1½ cm dicke Scheiben schneiden, schuppenförmig auf einer Platte anrichten die Schmorflüssigkeit erkalten lassen, entfetten, über die Kalbs-Röllchen geben, mit
Tomatenachteln	
Petersilie	garnieren.
Beigabe:	Stangenweißbrot, Feldsalat.

Rouladen-Schnitten
(Im Schnellkochtopf)

4 Rinderrouladen (je etwa 150 g)	dünn mit
Dijon-Senf	bestreichen
4 Blätter Chinakohl (in der Größe der Rouladen)	waschen, in
kochendes Salzwasser	geben, zum Kochen bringen, etwa 1 Minute kochen lassen, mit kaltem Wasser übergießen, gut abtropfen lassen, jeweils 1 Blatt auf jede Fleischscheibe legen, darauf jeweils 2 Scheiben von
8 Scheiben durchwachsenem Speck	legen

2 Zwiebeln	abziehen, in feine Würfel schneiden
2 Teel. eingelegten grünen Pfeffer	zerdrücken beide Zutaten mit
2 Eßl. gemischten, gehackten Kräutern	vermengen, auf den Speckscheiben verteilen die Rouladen aufrollen, mit Küchengarn umwickeln
3 Eßl. Speiseöl	im Schnellkochtopf erhitzen, die Rouladen von allen Seiten darin anbraten
250 ml (1/4 l) Rotwein	hinzugießen, den Schnellkochtopf schließen, etwa 15 Minuten garen lassen die Rouladen in der Schmorflüssigkeit erkalten lassen, die Fäden entfernen, die Rouladen in etwa 2 cm dicke Scheiben schneiden, schuppenförmig auf einer Platte anrichten die Schmorflüssigkeit entfetten, etwas davon über die Rouladenscheiben geben.
Beigabe:	Stangenweißbrot, Paprika-Salat.

Schweinebraten

2 kg Schweinefleisch mit Schwarte (aus dem Schinken)	unter fließendem kaltem Wasser abspülen, trockentupfen, die Schwarte rautenförmig einschneiden
2–3 Knoblauchzehen	abziehen, zerdrücken, mit
4 Eßl. Dijon-Senf	vermengen
3–4 Bund Basilikum 3–4 Bund Petersilie	
	die Kräuter abspülen, trockentupfen, hacken, mit dem Knoblauch-Senf verrühren, mit
Pfeffer gerebeltem Thymian gerebeltem Majoran gemahlenem Rosmarin	würzen das Fleisch gleichmäßig mit der Masse bestreichen, aufrollen, mit Küchengarn fest umwickeln das Fleisch in die Rostbratpfanne legen, in den vorgeheizten Backofen schieben nach etwa 2 Stunden Bratzeit den Braten mit
Salzwasser	bestreichen, weitere 15 Minuten braten lassen
Strom:	Etwa 200
Gas:	Etwa 3
Bratzeit:	Etwa 2 1/4 Stunden den garen Braten auf eine Platte geben, mit Alufolie abdecken, etwa 10 Minuten ruhen lassen (Küchengarn entfernen) den Braten in nicht zu dünne Scheiben schneiden.
Beigabe:	Gemischter Salat, Bauernbrot.

Italienischer Braten

(In der Bratfolie - Abb. nebenstehend)

	Von
1 1/2 kg magerem Schweinebauch mit eingeschnittener Tasche	die Schwarte rhombenartig einschneiden, das Fleisch unter fließendem kaltem Wasser abspülen, trockentupfen
1 Packung (300 g) tiefgekühlten Broccoli	in
125 ml (1/8 l) kochendes Salzwasser	geben, zum Kochen bringen, in 10-15 Minuten gar dünsten, abtropfen lassen
	den Broccoli pürieren oder durch ein Sieb streichen
75 g Schinkenspeck	in kleine Würfel schneiden, mit
2 Eßl. Semmelmehl	unter das Broccoli-Püree rühren, die Füllung mit
Salz	
Pfeffer	
geriebener Muskatnuß	würzen
	das Fleisch innen und außen mit Salz, Pfeffer,
gerebeltem Thymian	einreiben
	die Füllung in die Tasche geben, zunähen
	das Fleisch auf ein genügend großes Stück Bratfolie legen, die Folie verschließen, auf dem Rost in den vorgeheizten Backofen schieben
Strom:	200
Gas:	Etwa 3 1/2
Bratzeit:	2 1/4-2 1/2 Stunden
	das gare Fleisch aus dem Backofen nehmen, kurze Zeit ruhen lassen, erst dann die Bratfolie öffnen, das Fleisch erkalten lassen, in Scheiben schneiden, auf einer Platte anrichten, mit
Rosmarinzweigen	garnieren.
Beigabe:	Bauernbrot, gemischter Salat.

Schweinekotelett, paniert

4 Schweinekoteletts (je etwa 200 g)	unter fließendem kaltem Wasser abspülen, trockentupfen, leicht klopfen, mit
Salz, Pfeffer	bestreuen
	die Koteletts zunächst in
1-2 Eßl. Weizenmehl	dann in
1 verschlagenen Ei	zuletzt in
40 g Semmelmehl	wenden
50 g Pflanzenfett	erhitzen, das Fleisch von jeder Seite unter mehrmaligem Wenden 7-8 Minuten darin braten, auf einer Platte anrichten, warm oder kalt servieren.

Kräuter-Filet

1 kg Rinderfilet	unter fließendem kaltem Wasser abspülen, trockentupfen, enthäuten
2 Zwiebeln	
1 Knoblauchzehe	beide Zutaten abziehen, fein würfeln, mit
4 Eßl. Senf	
1 Teel. zerdrücktem grünem Pfeffer	
Salz	verrühren
3–4 Eßl. gehackte Kräuter (Schnittlauch, glatte Petersilie, Salbei)	unterrühren, das Filet damit bestreichen, in eine längliche feuerfeste gefettete Form legen, auf den Rost in den vorgeheizten Backofen schieben, braten lassen
Strom:	225–250
Gas:	6–7
Bratzeit:	20–25 Minuten
	das gare Filet aus dem Backofen nehmen, erkalten lassen, in Scheiben schneiden, auf einer Platte anrichten.

Burgunder-Schinken

(In der Bratfolie – 8 bis 10 Portionen)

	Burgunder-Schinken ist ein gepökelter, leicht geräucherter Schinken, der eine Woche vor Verwendung beim Schlachter bestellt werden muß
Etwa 3 kg Burgunder-Schinken mit Schwarte	die Schwarte vom Schlachter gitterartig einschneiden lassen, den Schinken unter fließendem kaltem Wasser abspülen, trockentupfen, die Haut an verschiedenen Stellen einritzen
15 Gewürznelken	hineinstecken
2–3 Knoblauchzehen	abziehen, in Stifte schneiden, mit den Stücken von
1–2 zerkleinerten Lorbeerblättern	zwischen die Schwarteneinschnitte geben den Schinken auf ein genügend großes Stück Bratfolie legen, die Folie verschließen, auf dem Rost in den vorgeheizten Backofen schieben
Strom:	200
Gas:	Etwa 3 1/2
Bratzeit:	Etwa 2 Stunden
	den garen Schinken aus dem Backofen nehmen, kurze Zeit ruhen lassen, erst dann die Bratfolie öffnen den Schinken warm oder kalt servieren.
Beigabe:	Bauernbrot, gemischte Salate.

Fleisch-Klößchen mit Roquefort-Füllung

1 Brötchen	in kaltem Wasser einweichen, gut ausdrücken
1 Zwiebel	
1 Knoblauchzehe	
	beide Zutaten abziehen, fein würfeln
1 Eßl. Speiseöl	erhitzen, Zwiebel- und Knoblauchwürfel darin glasig dünsten lassen, mit dem Brötchen,
500 g Rindergehacktem	
2 Eiern	
2 Eßl. Tomaten-Ketchup	
2 Eßl. gehackter Petersilie	vermengen
Salz, Pfeffer	würzen, die Masse gut durcharbeiten
100 g Roquefort-Käse	in kleine Stücke schneiden
	aus dem Fleischteig 22–24 walnußgroße Klößchen formen, ein Loch in jedes Klößchen drücken, ein Stück Roquefort-Käse hineingeben, die Klößchen wieder gut zusammendrücken, in
3 Eßl. Semmelmehl	wenden, portionsweise schwimmend in siedendem
Ausbackfett	jeweils etwa 5 Minuten ausbacken, auf Haushaltspapier abtropfen lassen, heiß oder kalt servieren.

Kümmel-Braten

(In der Bratfolie)

1 kg Schweinefleisch (Schulter)	unter fließendem kaltem Wasser abspülen, trockentupfen, mit
Salz, Pfeffer	
1 Teel. Kümmel	einreiben
1 große Zwiebel	abziehen, grob würfeln
1 Stück Sellerie	putzen, waschen, kleinschneiden
	die Zutaten mit dem Fleisch auf ein genügend großes Stück Bratfolie legen, die Folie verschließen, auf dem Rost in die Mitte des Backofens schieben
Strom:	200
Gas:	Etwa 3 1/2
Bratzeit:	1 1/2–1 3/4 Stunden
	das gare Fleisch aus dem Backofen nehmen, kurze Zeit ruhen lassen, erst dann die Bratfolie öffnen, das Fleisch erkalten lassen, in Scheiben schneiden
	den Bratensatz durch ein Sieb gießen, erkalten lassen, entfetten, mit
2 Eßl. Kümmelschnaps	verrühren, evtl. mit Salz, Pfeffer abschmecken
	die Fleischscheiben auf einer Platte anrichten, mit dem Bratensatz übergießen.
Beigabe:	Bauernbrot, Butter, Eisbergsalat.

Beefsteak Tatar

(Abb. nebenstehend)

500–750 g Tatar	mit
1 Eßl. Salatöl	
1–2 Teel. Senf	
1 Teel. zerdrücktem	
grünem Pfeffer	vermengen, mit
Salz, Essig	
Paprika edelsüß	würzen
	das Tatar in Portionen auf einer Platte oder auf Tellern anrichten, in jede Portion eine Vertiefung eindrücken jeweils 1–2 Eigelb von
6–8 Eigelb	hineingeben
Zwiebelringe, Kapern	
geschroteten Pfeffer	
Gewürzgurken	
feingeschnittenen	
Schnittlauch	
Paprika edelsüß	
Sardellenfilets	
gehackte Petersilie	dazureichen.

Kräuter-Roastbeef

2 kg Roastbeef	unter fließendem kaltem Wasser abspülen, trockentupfen, die Haut (Fett) leicht einritzen, das Fleisch mit
Salz, Pfeffer	einreiben
2 Knoblauchzehen	abziehen, zerdrücken, mit
2 Eßl. Senf	vermengen
	das Fleisch damit bestreichen, reichlich mit
Kräutern der Provence	bestreuen, auf den Rost auf eine mit Wasser ausgespülte Rostbratpfanne legen, in den vorgeheizten Backofen schieben
	das Roastbeef ab und zu wenden
Strom:	225–250
Gas:	6–7
Bratzeit:	35–40 Minuten
	das gare Fleisch erkalten lassen, in Scheiben schneiden, auf einer Platte anrichten.

Tip: *Beim Braten von Fleisch (Kalb, Schwein) in Bratfolie entsteht ein gut gelierender Bratensaft (Jus), der sich wegen seiner geschmacklichen Intensität gut zum Glasieren des aufgeschnittenen Bratens eignet.*
Dafür wird der erkaltete Bratensaft entfettet und je nach Gelierfähigkeit noch etwas eingekocht.
Den Bratensaft erkalten lassen; wenn er zu gelieren beginnt, ihn mit einem Pinsel aufstreichen.

Wild und Geflügel

Rehrücken garniert, mit Apfelsinen-Soße

(Abb. S. 170/171)

1 Rehrücken (etwa 1 ½ kg)	unter fließendem kaltem Wasser abspülen, trockentupfen, enthäuten, mit
Salz	einreiben, mit
40 g weicher Butter oder Margarine	bestreichen
100 g fetten Speck	in Scheiben schneiden, die Hälfte davon in eine mit Wasser ausgespülte Rostbratpfanne legen, das Fleisch darauf legen, mit den übrigen Speckscheiben bedecken, die Rostbratpfanne in den vorgeheizten Backofen schieben sobald der Bratensatz bräunt,
2 zerdrückte Wacholderbeeren 1 abgezogene, geviertelte Zwiebel	dazugeben, kurz in dem Fett erhitzen etwas
heißes Wasser	hinzugießen, das Fleisch ab und zu mit dem Bratensatz begießen, verdampfte Flüssigkeit nach und nach ersetzen
Strom:	225–250
Gas:	3–4
Bratzeit:	35–50 Minuten das gare Fleisch noch warm von den Knochen lösen, erkalten lassen, in Stücke schneiden, wieder auf das Knochengerüst (evtl. mit feiner Leberwurst bestreichen) legen
6 Birnen	schälen, halbieren, entkernen
250 ml (¼ l) Weißwein	mit
1 Stückchen Stangenzimt Zucker	erhitzen, die Birnenhälften in etwa 5 Minuten darin weich dünsten (dürfen nicht zerfallen), in der Flüssigkeit erkalten lassen
1 Päckchen Gelatine gemahlen, weiß	mit
3 Eßl. Weißwein	anrühren, 10 Minuten zum Quellen stehenlassen, unter Rühren erwärmen, bis sie gelöst ist die Birnen abtropfen lassen, die Flüssigkeit mit der Gelatine verrühren, kalt stellen den Rehrücken auf ein Gitterrost legen, auf ein Backblech stellen, mit
etwa 200 g abgetropften Mandarinenspalten (aus der Dose)	garnieren sobald die Gelatinelösung anfängt dicklich zu werden, die Schnittflächen der Birnen und den Rehrücken damit bestreichen den Rehrücken kalt stellen

	für die Apfelsinen-Soße
1 schwach gehäuften Eßl. Speisestärke	mit
250 ml (1/4 l) Saft (Mandarinensaft und ausgepreßter Apfelsinensaft)	anrühren, unter Rühren zum Kochen bringen, erkalten lassen
2–3 Eßl. Preiselbeeren (aus dem Glas)	durch ein Sieb streichen, unter die Apfelsinen-Soße rühren, mit
abgeriebener Apfelsinenschale (unbehandelt) **Senf** **Salz** **Pfeffer** **Zitronensaft** **evtl. Zucker**	abschmecken den Rehrücken auf eine große Platte legen, zu beiden Seiten
gehackte Petersilie	streuen
Preiselbeeren (aus dem Glas)	in die Birnenhälften füllen, die Birnenhälften auf die Platte mit dem Rehrücken setzen, mit
Petersiliensträußchen	garnieren den Rehrücken mit der Apfelsinen-Soße servieren.
Beigabe:	Stangenweißbrot, Feldsalat.

Putenrollbraten, gegrillt

1 Putenrollbraten (etwa 1 kg)	unter fließendem kaltem Wasser abspülen, trockentupfen, auf einen Drehspieß schieben oder in einen Grillkorb geben
1 Eßl. Speiseöl **Salz** **Pfeffer** **Paprika edelsüß**	mit verrühren, nach Belieben
mittelscharfen Senf	unterrühren, das Fleisch damit bestreichen während des Grillens den Braten ab und zu mit dem herabgetropften Fett aus der Grillpfanne bestreichen
Grillzeit	
Strom:	Je nach Dicke des Bratens 45–60 Minuten
Gas:	Je nach Dicke des Bratens etwa 50 Minuten den garen Putenrollbraten erkalten lassen, in Scheiben schneiden
Beigabe:	Stangenweißbrot, Butter, Staudensellerie-Salat mit Äpfeln (S. 74).

Hasenfilets in Blätterteig-Hülle

	Für die Füllung von
1 Hasenrücken (etwa 600 g)	das Rückenfleisch und die Filets auslösen, sorgfältig enthäuten, unter fließendem kaltem Wasser abspülen, trockentupfen, in eine Schüssel legen, mit
½ Teel. gerebeltem Thymian ½ Teel. gerebeltem Rosmarin	bestreuen, mit
1 Eßl. Zitronensaft 2 Eßl. Speiseöl	beträufeln, zugedeckt etwa 24 Stunden an einem kühlen Ort stehenlassen, das Fleisch ab und zu wenden
	das Fleisch aus der Marinade nehmen, abtropfen lassen, mit
Salz Pfeffer	würzen
2 Eßl. Butterschmalz	erhitzen, das Fleisch von allen Seiten kurz darin anbraten, erkalten lassen
10 entsteinte Backpflaumen	waschen, abtropfen lassen, in feine Würfel schneiden
10 Champignons	putzen, waschen, vier Pilze fein hacken (die restlichen zurücklassen)
	beide Zutaten mit
250 g feiner Bratwurst-Masse 2 Eßl. Weinbrand 1 Eßl. gehackten Pistazienkernen	vermengen
	für den Teig
1 Packung (300 g) tiefgekühlten Blätterteig	nach der Vorschrift auf der Packung auftauen lassen, zu einer länglichen Platte in der dreifachen Größe des Fleisches ausrollen (nach Belieben etwas Teig zum Garnieren zurücklassen), die Hälfte der vermengten Bratwurst-Masse in der Länge der großen Fleischstücke in die Mitte des Teiges geben, zunächst die großen und darauf die kleinen Fleischstücke legen, zwischen die Filets als „Rückgratknochen" die zurückgelassenen Champignonköpfe setzen, mit der restlichen Bratwurst-Masse bedecken
	den Teig um das Fleisch schlagen, auf ein mit Wasser abgespültes Backblech legen (glatte Teigseite nach oben), mit dem zurückgelassenen Teig garnieren
	über die Teigoberseite verteilt 2–3 etwa pfennig-große Löcher ausstechen
½ Eigelb	mit

1 Teel. Milch	verschlagen, die Teigoberfläche damit bestreichen, das Backblech in den vorgeheizten Backofen schieben
Strom:	200–225
Gas:	3–4
Backzeit:	Etwa 35 Minuten
	das gare Fleisch aus dem Backofen nehmen, erkalten lassen, in nicht zu dünne Scheiben schneiden, auf einer Platte anrichten, nach Belieben mit
Backpflaumen	
Pistazienkernen	garnieren.
Beigabe:	Fenchel-Salat.

Glasierte Poularde

1 küchenfertige Poularde	
(etwa 1 1/2 kg)	unter fließendem kaltem Wasser abspülen, trockentupfen, halbieren, innen und außen mit
Salz	
Pfeffer	einreiben
35 g Butter oder	
Margarine	zerlassen, mit
1 Eßl. Paprika	
edelsüß	verrühren, die Poulardenhälften damit bestreichen, in einer mit Wasser ausgespülten Rostbratpfanne auf dem Rost in den vorgeheizten Backofen schieben
	das Fleisch während des Bratens ab und zu mit dem Bratensatz begießen, evtl. etwas Wasser hinzugießen
Strom	225–250
Gas:	3–4
Bratzeit:	Etwa 35 Minuten
	die garen Poularden erkalten lassen
	den Bratensatz mit
125 ml (1/8 l) Wasser	loskochen, in eine Schüssel geben, erkalten lassen, entfetten
	die Poularde in 6 Portionsstücke teilen, evtl. von den Knochen lösen, auf einer Platte anrichten, mit
Ananasstücken	
Kirschen	garnieren
	für den Guß
1 Päckchen Tortenguß,	
klar	mit
3 Eßl. kaltem Wasser	anrühren
	die Bratenflüssigkeit zum Kochen bringen, von der Kochstelle nehmen, evtl. mit Salz abschmecken, den Tortenguß unter Rühren hineingeben, zum Kochen bringen, kurze Zeit kochen, abkühlen lassen
	sobald der Tortenguß anfängt dicklich zu werden, ihn über die Poulardenstücke verteilen, bis zum Servieren kalt stellen.
Beigabe:	Kartoffelsalat oder Toast.

Hähnchenbrust in Limetten-Soße

4 Hähnchenbrustfilets (etwa 600 g)	unter fließendem kaltem Wasser abspülen, trockentupfen, mit
Salz frisch gemahlenem weißem Pfeffer	würzen
	die Hähnchenbrustfilets zunächst in
Weizenmehl	dann in
1 verschlagenen Ei	zuletzt in
125 g abgezogenen, gehackten Mandeln	wenden
40 g Butterschmalz oder Margarine	erhitzen, das Fleisch von jeder Seite etwa 4 Minuten darin braten, erkalten lassen
	für die Soße
2 Limetten (unbehandelt)	mit heißem Wasser abwaschen, etwas von der Schale abreiben, die Limetten halbieren, den Saft auspressen, 4 Eßl. von dem Saft mit der abgeriebenen Limettenschale,
2 Bechern (je 150 g) Crème fraîche 2 Eßl. feingehackten Zitronenmelisseblättchen 2 Eßl. trockenem Wermut	verrühren, mit Salz,
Zucker	abschmecken
	die Hähnchenbrustfilets auf
gewaschenen, feingeschnittenen Salatblättern	anrichten, mit etwa der Hälfte der Soße übergießen
2 Eßl. eingelegten grünen Pfeffer	darüber streuen, mit
Zitronenmelisseblättchen Limettenscheiben (unbehandelt)	garnieren
	die restliche Soße dazureichen.
Beigabe:	Toast, Butter.

Limette: *Die in Kalifornien, Mexiko, Südamerika und Ägypten beheimatete Limette ist eine runde, etwa eigroße Citrusfrucht von hellgrüner bis grünlichgelber Farbe. Limetten werden wie Zitronen verwendet, sind aber milder im Geschmack.*

Backhendl mit Kartoffelsalat

	Für den Kartoffelsalat
750 g Salatkartoffeln	waschen, mit Wasser zum Kochen bringen, in etwa 25 Minuten gar kochen lassen, abgießen, heiß pellen, lauwarm in feine Scheiben schneiden
250 ml (1/4 l) Wasser	zum Kochen bringen
2 gestrichene Teel. Salz	
2 Eßl. Kräuter-Essig	
1 Messerspitze Pfeffer	
1 gestrichenen Teel. Zucker	hinzufügen, so lange rühren, bis alles gelöst ist die Kartoffelscheiben mit der Marinade übergießen, etwa 15 Minuten darin ziehen lassen, mit einem Schaumlöffel herausnehmen
4 gehäufte Eßl. Mayonnaise (S. 196)	mit der restlichen Marinade verrühren
2 mittelgroße Gewürzgurken	in Scheiben schneiden
1 mittelgroßen Apfel	schälen, vierteln, entkernen, in dünne Scheiben schneiden
1 Zwiebel	abziehen, würfeln die drei Zutaten mit den Kartoffelscheiben zu der Mayonnaise geben, vorsichtig vermengen, den Salat gut durchziehen lassen, evtl. nochmals mit
Salz	
Pfeffer	
Essig	abschmecken, mit
Tomatenachteln	
Petersilie	garnieren
	für das Backhendl
1 küchenfertiges Hähnchen (etwa 1 kg)	unter fließendem kaltem Wasser abspülen, trockentupfen, in 8 Portionsstücke teilen
1 Ei	mit
1 Messerspitze Pfeffer	
1 Messerspitze Paprika edelsüß	
1 gestrichenen Teel. Salz	verschlagen, die Hähnchenstücke darin wenden, rundherum fest in
Semmelmehl	drücken, schwimmend in siedendem
Ausbackfett	in etwa 10 Minuten goldbraun backen (evtl. Garprobe machen), auf Haushaltspapier abtropfen lassen das erkaltete Backhendl zu dem Kartoffelsalat reichen.

Putenkeule mit Schnittlauch-Soße

1 tiefgekühlte Putenoberkeule mit Knochen (etwa 1 kg)	bei Zimmertemperatur auftauen lassen, unter fließendem kaltem Wasser abspülen, trockentupfen
$1\frac{1}{4}$–$1\frac{1}{2}$ l Salzwasser	zum Kochen bringen
1 Bund Petersilie	waschen, mit der Putenkeule,
6 schwarzen Pfefferkörnern	in das Wasser geben, zum Kochen bringen, kochen lassen
300 g Möhren	putzen, schrappen, waschen, längs halbieren, vierteln, mit einem Buntmesser in etwa 3 cm lange Stücke schneiden
2–3 Stengel Staudensellerie	putzen (Blätter an den Stengeln lassen), harte Fäden an der Außenseite der Stengel abziehen, die Stengel waschen, in etwa 4 cm lange Stücke schneiden das Gemüse nach etwa 50 Minuten Kochzeit zu der Putenkeule geben, zum Kochen bringen
2 mittelgroße Stangen Porree	putzen, das dunkle Grün bis auf etwa 10 cm entfernen, den Porree halbieren, gründlich waschen, in etwa 4 cm lange Stücke schneiden (evtl. nochmals waschen) von
1 kleinen Kopf Blumenkohl (etwa 500 g)	die Blätter und die schlechten Stellen entfernen, den Strunk abschneiden, den Blumenkohl in Röschen teilen, gründlich waschen das Gemüse nach weiteren 10 Minuten Kochzeit zu dem Fleisch geben, zum Kochen bringen, in etwa 15 Minuten gar kochen lassen, in der Brühe erkalten lassen
	für die Soße
2 hartgekochte Eier	pellen, durch ein Sieb streichen, mit
2 Teel. mittelscharfem Senf	verrühren
etwa 125 ml ($\frac{1}{8}$ l) Salatöl	nach und nach unterrühren (Soße muß dicklich sein), mit
Essig	
Salz	
Pfeffer	würzen
2 Bund feingeschnittenen Schnittlauch	unter die Soße rühren die Putenkeule und das Gemüse aus der Brühe nehmen, gut abtropfen lassen das Gemüse auf eine Platte geben, die Soße darüber verteilen, die Putenkeule in Scheiben schneiden, auf dem Gemüse anrichten, mit
Schnittlauch	garnieren.
Beigabe:	Stangenweißbrot.

Truthahn-Röllchen, französisch

750 g küchenfertige Truthahnbrust im Stück (ohne Knochen)	unter fließendem kaltem Wasser abspülen, trockentupfen, in 16 dünne Scheiben schneiden, mit
gerebeltem Oregano gerebeltem Thymian frisch gemahlenem weißem Pfeffer	würzen
75 g durchwachsene Speckscheiben (dünn geschnitten)	halbieren jeweils ½ Speckscheibe auf jede Geflügelfleischscheibe legen, aufrollen, mit einem Holzspießchen feststecken oder mit Küchengarn umwickeln
3 Eßl. Olivenöl	erhitzen, die Fleischrollen von allen Seiten in etwa 5 Minuten darin goldbraun braten, mit
Salz	würzen, herausnehmen, Holzspießchen (Küchengarn) entfernen, kalt stellen den Bratensatz zurücklassen
250 g Auberginen	waschen, abtrocknen, in Würfel schneiden, mit Salz bestreuen, etwa 10 Minuten ziehen lassen, trockentupfen
2–3 Zwiebeln	abziehen, würfeln
2 kleine rote Paprikaschoten (etwa 250 g)	halbieren, entstielen, entkernen, die weißen Scheidewände entfernen, die Schoten waschen, in kleine Stücke schneiden
250 g Tomaten	kurze Zeit in kochendes Wasser legen (nicht kochen lassen), in kaltem Wasser abschrecken, enthäuten, die Stengelansätze herausschneiden, die Tomaten halbieren, entkernen, kleinschneiden die Zwiebelwürfel in dem erhitzten Bratensatz glasig dünsten, Auberginenwürfel, Paprikastücke hinzufügen, dünsten lassen, evtl. etwas Wasser hinzugießen nach 10–15 Minuten Dünstzeit Tomatenstücke,
1 abgezogene, zerdrückte Knoblauchzehe 1 Eßl. gehackte Basilikumblättchen oder gerebeltes Basilikum	dazugeben, noch etwa 10 Minuten mitdünsten lassen, mit Salz, Pfeffer würzen, erkalten lassen, in einer flachen Schüssel anrichten die Truthahnröllchen darauf legen, mit
Zitronenachteln (unbehandelt)	garnieren das Fleisch nach Belieben mit
Zitronensaft	beträufeln.
Beigabe:	Toast oder Stangenweißbrot, Butter.

Hasenrücken Waldorf

1 Hasenrücken (etwa 600 g)	unter fließendem kaltem Wasser abspülen, trockentupfen, sorgfältig enthäuten, die Filets nicht ganz vom Mittelknochen lösen, leicht nach außen drücken (die Filets sollen noch am Knochengerüst bleiben), mit
Salz, Pfeffer 8 zerdrückten Wacholderbeeren	einreiben, mit
1–2 Eßl. weicher Butter	bestreichen, in eine mit Wasser ausgespülte Rostbratpfanne legen, in den vorgeheizten Backofen auf die mittlere Schiene schieben, braten lassen
Strom:	200–225
Gas:	3–4
Bratzeit:	Etwa 10 Minuten den garen Hasenrücken herausnehmen, in Alufolie wickeln, im ausgeschalteten Backofen erkalten lassen (Fleisch bleibt dadurch saftig und innen noch rosig) die Filets vom Knochen lösen, in dünne Scheiben schneiden
Waldorfsalat (Rezept S. 80)	auf das Knochengerüst geben, die Filetscheiben darauf anrichten, mit
Kiwischeiben Kirschen	garnieren.
Tip:	Wenn der Hasenrücken eher vorbereitet wird, ist es ratsam, ihn anschließend mit Madeira-Aspik (S. 98) zu bestreichen.

Gänsebrust, gefüllt

750 g Gänsebrust (ohne Knochen)	unter fließendem kaltem Wasser abspülen, trockentupfen, die Innenseite mit
Salz, Pfeffer	einreiben, mit
1 Teel. scharfem Senf	bestreichen
	für die Füllung
1 Zwiebel	abziehen, fein würfeln
125 g Kalbsleber	evtl. enthäuten, unter fließendem kaltem Wasser abspülen, trockentupfen, fein hacken
1–2 Eßl. Butter	erhitzen beide Zutaten etwa 2 Minuten darin braten lassen, mit
2 Eßl. Weinbrand	übergießen, erkalten lassen, mit
1 Eßl. gehackten Pistazienkernen 100 g feiner Bratwurst-Masse	vermengen

die Masse auf die eine Hälfte der Gänsebrust geben, die andere Hälfte darüber klappen, die Seiten mit einem Holzspießchen zustecken
die Gänsebrust auf den Rost auf die mit Wasser ausgespülte Rostbratpfanne legen, auf die mittlere Schiene in den vorgeheizten Backofen schieben
sobald der Bratensatz bräunt, etwas

heißes Wasser hinzugießen, die Gänsebrust ab und zu mit dem Bratensatz begießen, verdampfte Flüssigkeit nach und nach ersetzen
10 Minuten vor Beendigung der Bratzeit die Gänsebrust mit

kaltem Salzwasser bestreichen, die Hitze auf stark stellen, damit die Haut schön kroß wird

Strom: 200–225
Gas: 4–5
Bratzeit: 2–2 1/2 Stunden (je nach Alter des Tieres)
die gare Gänsebrust erkalten lassen, Holzspießchen entfernen, das erkaltete Fleisch in dünne Scheiben schneiden, auf einer Platte anrichten, mit

Apfelsinenscheiben garnieren.

Gespickte Hirschkeule

(4–6 Portionen)

2 kg Hirschkeule unter fließendem kaltem Wasser abspülen, trockentupfen, enthäuten

150 g fetten Speck in Streifen schneiden, eine Zeitlang kalt stellen, anschließend in

Pfeffer wenden, die Hirschkeule damit spicken
das Fleisch mit Pfeffer,

Salz
gerebeltem Salbei einreiben

100 g fette Speckscheiben in eine mit Wasser ausgespülte Rostbratpfanne legen, die Hirschkeule darauf legen

1 Bund Suppengrün putzen, waschen, zu dem Fleisch geben, die Rostbratpfanne in den vorgeheizten Backofen schieben
sobald der Bratensatz bräunt, etwas

heißes Wasser hinzugießen, das Fleisch ab und zu mit dem Bratensatz begießen, verdampfte Flüssigkeit nach und nach ersetzen

Strom: 200–225
Gas: 3–4
Bratzeit: 50–60 Minuten (Fleisch soll innen rosa sein)
die gare Hirschkeule erkalten lassen, in Scheiben schneiden, auf einer Platte anrichten, mit

Preiselbeeren (aus dem Glas)
Minzeblättchen garnieren.

Beigabe: Toast, Butter, Cumberlandsoße (S. 192).

Hähnchenkeulen, garniert

4 Hähnchenkeulen (je etwa 250 g)	unter fließendem kaltem Wasser abspülen, trockentupfen
2 Eßl. Speiseöl	mit
1/2 Teel. Paprika edelsüß	
1 Messerspitze Currypulver	
Salz	
Pfeffer	verrühren, die Hähnchenkeulen damit bestreichen, auf den Rost auf eine mit Wasser ausgespülte Rostbratpfanne legen, auf die mittlere Schiene in den vorgeheizten Backofen schieben, sobald der Bratensatz bräunt, etwas von
125 ml (1/8 l) heißem Wasser	hinzugießen, die Hähnchenkeulen ab und zu mit dem Bratensatz begießen, verdampfte Flüssigkeit nach und nach ersetzen
Strom:	200–225
Gas:	4–5
Bratzeit:	25–30 Minuten
	die garen Hähnchenkeulen erkalten lassen, auf ein Gitterrost legen, auf ein Backblech stellen, nach Belieben mit
abgetropften Mandarinenspalten (aus der Dose)	
Pfirsichscheiben	
halbierten Ananasscheiben (aus der Dose)	
Cocktail-Kirschen	
Petersilie	garnieren
	den abgetropften Fruchtsaft evtl. mit Wasser auf 250 ml (1/4 l) auffüllen
1 Päckchen Gelatine gemahlen, weiß	mit
3 Eßl. Weißwein	anrühren, 10 Minuten zum Quellen stehenlassen, unter Rühren erwärmen, bis sie gelöst ist, den Fruchtsaft erwärmen, mit der Gelatine verrühren, kalt stellen
	sobald die Gelatinelösung anfängt dicklich zu werden, die garnierten Hähnchenkeulen damit bestreichen, den Vorgang so oft wiederholen, bis die Hähnchenkeulen und das Obst völlig mit Aspik überzogen sind
	die restliche Flüssigkeit erstarren lassen, in Würfel schneiden
	die Hähnchenkeulen auf einer Platte anrichten, mit den Aspikwürfeln,
Zitronenmelisseblättchen	garnieren.
Beigabe:	Pumpernickel, Zitronenbutter.

Putenschnitzel, paniert

4 Putenschnitzel (je 125–150 g)	unter fließendem kaltem Wasser abspülen, trockentupfen, mit
Salz	
frisch gemahlenem weißem Pfeffer	
Currypulver	bestreuen
	die Putenschnitzel zunächst in
50 g Weizenmehl	dann in
1 verschlagenem Ei	zuletzt in
50 g Semmelmehl	wenden, gut festdrücken
75 g Butterschmalz	zerlassen, die Schnitzel darin von jeder Seite in etwa 6 Minuten goldbraun braten, auf Küchenpapier abtropfen erkalten lassen
	eine Platte mit
gewaschenen Salatblättern	auslegen, die Putenschnitzel mit
halbierten Ananasscheiben	darauf anrichten, mit
Zitronenmelisse	garnieren.
Beigabe:	Sesam-Brot, Ingwer-Curry-Dressing (S. 194).

Poularde mit Pistazien-Füllung

(4–6 Portionen)

1 küchenfertige Poularde (etwa 1 1/2 kg)	unter fließendem kaltem Wasser abspülen, trockentupfen
	für die Füllung
2 Scheiben Toastbrot	in kleine Würfel schneiden, mit
3 Eßl. Portwein	beträufeln
150 g Geflügelleber	unter fließendem kaltem Wasser abspülen, trockentupfen, pürieren
75 g abgezogene, gemahlene Pistazien	
	die Zutaten mit
75 g Rindergehacktem	
2 kleinen Eiern	vermengen, mit
Salz, Pfeffer	würzen, die Masse gut durcharbeiten
	die Poularde mit der Masse füllen, die Öffnung mit Holzspießchen zustecken oder mit Küchengarn zunähen
2 Eßl. Speiseöl	mit Salz, Pfeffer,
1/2 Teel. Paprika edelsüß	
1 Messerspitze Currypulver	verrühren, die Poularde damit bestreichen, in eine mit Wasser ausgespülte Rostbratpfanne legen, in den vorgeheizten Backofen schieben

	sobald der Bratensatz bräunt, etwas von
125 ml (1/8 l) heißer Instant-Hühnerbrühe	hinzugießen, verdampfte Flüssigkeit nach und nach ersetzen
Strom:	200–225
Gas:	3–4
Bratzeit:	Etwa 50 Minuten die gare Poularde erkalten lassen, Holzspießchen (Küchengarn) entfernen, die Poularde in Portionsstücke schneiden, auf einer Platte anrichten, mit
Pistazienkernen	garnieren.

Wildschwein- oder Frischlings-Kotelett auf italienische Art

4 Wildschwein- oder Frischlingskoteletts (etwa 600 g)	unter fließendem kaltem Wasser abspülen, trockentupfen, mit
Salz Pfeffer gemahlenem Rosmarin 8 zerdrückten Wacholderbeeren	einreiben
2 Eßl. Olivenöl	erhitzen, das Fleisch von jeder Seite 2–3 Minuten darin braten (Fleisch soll innen rosa bleiben), erkalten lassen
2 Zwiebeln	abziehen, in Scheiben schneiden, in dem Bratensatz glasig dünsten lassen
250 g Zucchini	waschen, abtrocknen, die Enden abschneiden, die Zucchini in Scheiben schneiden, zu den Zwiebeln geben, mitdünsten lassen
2 Fleischtomaten	kurze Zeit in kochendes Wasser legen (nicht kochen lassen), in kaltem Wasser abschrecken, enthäuten, die Stengelansätze herausschneiden, die Tomaten in Würfel schneiden, zu dem Gemüse geben, kurz miterhitzen (Gemüse soll noch knackig sein), mit
1 Eßl. gehackten Basilikumblättchen 1 Messerspitze gerebeltem Oregano	würzen, von der Kochstelle nehmen, mit Salz, Pfeffer,
1–2 Eßl. Wein-Essig	abschmecken das erkaltete Gemüse auf einem Teller anrichten, die Koteletts darauf legen, mit
Tomatenröschen Kräutern	garnieren.
Beigabe:	Knoblauchbrot.

Soßen, Dips, Buttermischungen

Kräuter-Dip

(Abb. S. 188/189)

3 Sardellenfilets	evtl. wässern, trockentupfen
1 Eßl. Kapern	
10 grüne spanische Oliven, mit Paprika gefüllt	
	die drei Zutaten sehr fein hacken, mit
3 Eigelb	
1 Teel. scharfem Senf	
1–2 Eßl. Obst-Essig	verrühren, mit
Salz	
frisch gemahlenem Pfeffer	würzen
75 ml Salatöl	eßlöffelweise unterrühren
4–5 Eßl. gemischte, gehackte Kräuter	unterrühren
2 enthäutete Tomaten	halbieren, die Stengelansätze herausschneiden, die Tomaten entkernen, in Stücke schneiden, über den Dip geben.
Empfehlung:	Zu Folienkartoffeln oder verschiedenem rohem Gemüse reichen.

Quark-Dip mit Schinken

100 g Magerquark	mit
4 Eßl. Buttermilch	verrühren
100 g Lachsschinken	in feine Würfel schneiden, mit
1 Eßl. gemischten, gehackten Kräutern	unter den Quark rühren, mit
frisch gemahlenem Pfeffer	
Knoblauchsalz	würzen.
Empfehlung:	Zu Pellkartoffeln reichen.

Roquefort-Sahne-Soße

30 g Edelpilzkäse, z. B. Roquefort	mit einer Gabel zerdrücken, nach und nach
125 ml ($^1/_8$ l) Sahne	unterrühren, mit
Salz	
frisch gemahlenem Pfeffer	
Zitronensaft	würzen.
Empfehlung:	Zu allen herben Blattsalaten, wie Radicchio, Feldsalat, Spinat oder Endivien reichen.

Kräuter-Joghurt-Dressing

2 Becher (je 150 g) Joghurt	abtropfen lassen
2–3 Schalotten oder 1 Zwiebel (etwa 50 g)	abziehen, sehr fein würfeln
1–2 Knoblauchzehen	abziehen, zerdrücken die Zutaten mit
1 Bund gehacktem Dill 1 Bund gehackter glatter Petersilie 1 Bund gehackten Basilikumblättchen 3 Eßl. Zitronensaft 3 Eßl. Olivenöl	verrühren, mit
Salz frisch gemahlenem Pfeffer Zucker	würzen.
Empfehlung:	Zu Salaten, gegrilltem Fleisch und Fondue reichen.

Aioli

4–5 Knoblauchzehen	abziehen, sehr fein zerdrücken
1 Eigelb	mit
2 Teel. Senf 1 Eßl. Essig Salz 1 gestrichenen Teel. Zucker	zu einer dicklichen Masse schlagen
125 ml (1/8 l) Speiseöl	nach und nach unterschlagen, mit den zerdrückten Knoblauchzehen vermengen, mit
Cayennepfeffer Zitronensaft	würzen.
Empfehlung:	Zu Roastbeef reichen.

Dip Bombay

1 mittelgroßen Apfel	schälen, vierteln, entkernen, in feine Würfel schneiden, mit
1 Becher (150 g) Crème fraîche 2 Eßl. Milch 1 Teel. Currypulver	verrühren, mit
Salz Pfeffer	würzen.
Empfehlung:	Zu Hähnchenkeulen reichen.

Cumberlandsoße

(Abb. nebenstehend)

1 Apfelsine (unbehandelt)	mit heißem Wasser abwaschen, abtrocknen, die Apfelsinenschale sehr dünn abschälen, in feine Streifen schneiden, in
etwa 3 Eßl. Rotwein	geben, in etwa 10 Minuten weich dünsten, in der Flüssigkeit erkalten lassen
250 g Johannisbeer-gelee	mit
1–2 Teel. Senf	gut verrühren, die Apfelsinenstreifen mit dem Rotwein hinzufügen, mit
Salz	
Zitronensaft	würzen.
Empfehlung:	Zu Wildbraten, Pasteten oder kaltem Braten reichen.

Senf-Sahne-Soße

125 ml (1/8 l) Schlagsahne	1/2 Minute schlagen
2 Teel. Senf	unterrühren, mit
Salz, Pfeffer	würzen
1 Eßl. Zitronensaft	unter Rühren hinzufügen.
Empfehlung:	Zu Kopfsalat, Feld-, Radicchio- und Endiviensalat oder zu Rohkost-Salaten mit Fleisch reichen.

Vinaigrette, pikant

3 Eßl. Salatöl	mit
2–3 Eßl. Wein-Essig	
1 Teel. mittelscharfem Senf	
1 kleinen abgezogenen, gewürfelten Zwiebel	
2 hartgekochten, gehackten Eiern	
4 feingewürfelten Cornichons	
1–2 Bund gehackter Petersilie	
einigen gehackten Kapern	verrühren, mit
Salz	
Pfeffer	würzen.
Empfehlung:	Zu kaltem Rindfleisch oder gedünstetem Gemüse reichen.

Schnittlauch-Butter

(Abb. nebenstehend)

125 g Butter	geschmeidig rühren, mit
6 Eßl. feingeschnittenem Schnittlauch	verrühren, mit
Salz	
frisch gemahlenem weißem Pfeffer	würzen.
Empfehlung:	Zu gegrillten Schweinesteaks oder Fischfilet reichen.

Ingwer-Curry-Dressing

1 Becher (150 g) Joghurt	abtropfen lassen, mit
2 Teel. Ingwerpulver	
1 Teel. Currypulver	
1/2 Teel. gemahlenem Koriander	
1 Teel. Honig	
1 Teel. Dijon-Senf	
1 Eßl. Ingwer-Konfitüre	verrühren, mit
gemahlenem Zimt	
Salz	abschmecken.
Empfehlung:	Zu Salaten, gegrilltem Fleisch oder Fondue reichen.

Walnuß-Soße

(Etwa 8 Portionen)

50 g Walnußkerne	grob hacken
1 Apfelsine (unbehandelt)	mit heißem Wasser abwaschen, abtrocknen, etwas Apfelsinenschale sehr dünn abschälen, in feine Streifen schneiden die restliche Schale abreiben die Apfelsine auspressen die Zutaten mit
1 Becher (150 g) Crème fraîche	
125 ml (1/8 l) Sahne	
1 Eßl. Zitronensaft	verrühren, mit
Salz	
frisch gemahlenem Pfeffer	würzen die Soße kühl stellen, vor dem Servieren mit Salz, Pfeffer abschmecken.
Empfehlung:	Zu gegrilltem Fleisch reichen.

Mayonnaise

1 Eigelb	mit
2 schwach gehäuften Teel. Senf	
1 Eßl. Essig oder Zitronensaft	
Salz	
1 gestrichenen Teel. Zucker	in einer Rührschüssel mit einem Schneebesen oder mit einem elektrischen Handrührgerät mit Rührbesen zu einer dicklichen Masse schlagen
125 ml (1/8 l) Salatöl	nach und nach unterschlagen (bei dieser Zubereitung ist es nicht notwendig, das Öl tropfenweise zuzusetzen, es wird in Mengen von 1–2 Eßl. untergeschlagen; die an das Eigelb gegebenen Gewürze verhindern eine Gerinnung).
Veränderung:	Unter die Mayonnaise Joghurt nach Geschmack rühren.

Eigelb-Butter

125 g Butter	geschmeidig rühren
4 hartgekochte Eier	pellen, das Eigelb durch ein Sieb streichen
1 kleine Zwiebel	abziehen, fein würfeln
1 Eßl. gehackte Petersilie	
	die Zutaten mit der Butter verrühren, mit
Salz	würzen. Eigelb-Butter eignet sich als Brotaufstrich.

Kräuter-Butter

125 g Butter	geschmeidig rühren, mit
1 Teel. feingewürfelter Zwiebel	
1 abgezogenen, zerdrückten Knoblauchzehe	
1 Teel. Zitronensaft	verrühren
2 Teel. feingehackte Petersilie	
1 Teel. feingehackte Estragonblättchen	unterrühren, mit
Weißwein	
Worcestersauce	
Salz	würzen die Butter in die Mitte eines Stückes Pergamentpapier

legen, eine Hälfte des Papiers überschlagen, das untere Papier festhalten, mit einem Messer das obere Papier der Länge nach gegen die Butter streichen und drücken, bis eine Rolle entstanden ist, kalt stellen die hartgewordene Butterrolle aus dem Papier lösen, mit einem in heißes Wasser getauchten Messer in bleistiftdicke Scheiben schneiden.

Empfehlung: Kräuter-Butter zu allen Grillgerichten, Käsebroten oder Weinbergschnecken reichen.

Zitronen-Butter

125 g Butter geschmeidig rühren
1–2 Zitronen (unbehandelt) mit heißem Wasser abwaschen, abtrocknen, dünn schälen, die Schale in sehr kleine Würfel schneiden, mit der Butter verrühren.
Empfehlung: Zu Broten mit Frischkäse, Honig und Konfitüren oder zu gekochtem Fisch reichen.

Senf-Butter

125 g Butter geschmeidig rühren, mit
2 Teel. Senf
Saft von ½ Zitrone verrühren, mit
Salz würzen.
Empfehlung: Zu Steaks oder Frikadellen reichen.

Bunter Quark-Dip

150 g Magerquark mit
4 Eßl. Buttermilch verrühren
1 kleine Tomate kurze Zeit in kochendes Wasser legen (nicht kochen lassen), in kaltem Wasser abschrecken, enthäuten, halbieren, den Stengelansatz herausschneiden, die Tomate entkernen
1 Sardelle
2 Oliven
die drei Zutaten sehr fein schneiden, mit
2 Teel. Zwiebelwürfeln unter den Quark rühren, mit
Salz, Pfeffer
gehackten Thymianblättchen würzen.

Remouladensoße

(Abb. oben)

2 hartgekochte Eier	pellen, das Eigelb durch ein Sieb streichen (Eiweiß zurücklassen), mit
1 rohen Eigelb	
Salz	
1 Teel. Zucker	verrühren, dann tropfenweise unter Schlagen die Hälfte von
125 ml (1/8 l) Salatöl	hinzufügen, ist die Masse steif genug,
2 Eßl. Essig	
1 Teel. Senf	hinzufügen, dann erst den Rest des Öls hinzugeben
1–2 Teel. Kapern	fein hacken
2 kleine Gewürzgurken	in feine Würfel schneiden
1 Teel. grünen Pfeffer	zerdrücken
2 Eßl. gemischte, gehackte Kräuter	
	die vier Zutaten unter die Mayonnaise rühren das hartgekochte Eiweiß in kleine Würfel schneiden, mit in die Soße geben.
Empfehlung:	Zu gekochtem Fleisch und Fisch reichen.

Kräuter-Dressing

(Abb. Mitte)

1 Becher (150 g) Crème fraîche	mit
2 Eßl. gemischten, gehackten Kräutern	
3 Eßl. Tomaten-Ketchup	verrühren, mit
Salz, Pfeffer, Zucker	
Paprika edelsüß	würzen.
Empfehlung:	Zu Kopf-, Chicorée-, Gurken- und Gemüse-Salaten oder als Dip zu Fleisch-Fondue reichen.

Meerrettich-Sahne

(Abb. unten)

250 ml (1/4 l) Sahne	steif schlagen, mit
2–3 Eßl. geriebenem Meerrettich (aus dem Glas)	verrühren, mit
Salz, Zucker	
Zitronensaft	würzen.
Empfehlung:	Zu Schinken, Räucherlachs oder gekochtem Rindfleisch reichen.

Essig

Zwiebel-Butter

125 g Butter	geschmeidig rühren, mit
4 Eßl. roten Zwiebel-würfeln	verrühren, mit
Salz, Pfeffer	würzen.
Empfehlung:	Zu Frikadellen oder Roastbeef reichen.

Dill-Butter

125 g Butter	geschmeidig rühren, mit
6 Eßl. gehacktem Dill	verrühren, mit
Salz	
weißem Pfeffer	
gerebeltem Thymian	würzen.
Empfehlung:	Zu gedünstetem Fisch oder gegrilltem Lachs reichen.

Curry-Butter

125 g Butter	geschmeidig rühren, mit
1 Eßl. Currypulver	verrühren, mit
Salz	würzen.
Empfehlung:	Zu gegrilltem Hähnchen oder gebratenem Fisch reichen.

Paprika-Butter

125 g Butter	geschmeidig rühren, mit
1 Eßl. Paprika edelsüß	verrühren, mit
Salz	würzen.
Empfehlung:	Zu gegrilltem Fleisch reichen.

Quark-Dip mit Preiselbeeren

200 g Magerquark	mit
5 Eßl. Milch	verrühren
2 Eßl. Preiselbeeren (aus dem Glas)	mit
2 Teel. Senf	unter den Quark rühren, mit
Salz, Zucker	würzen.
Empfehlung:	Zu kaltem Rindfleisch oder Geflügel reichen.

Sardellen-Butter

125 g Butter	geschmeidig rühren, mit
5 kleingeschnittenen Sardellenfilets	
10 g Sardellenpaste (aus der Tube)	
2–3 Teel. Zwiebelwürfeln	verrühren.
Empfehlung:	Zu gekochtem oder gedünstetem Fisch reichen.

Grüne Soße

4 hartgekochte Eier	pellen, halbieren, das Eiweiß hacken, beiseite stellen das Eigelb mit einer Gabel zerdrücken, mit
2 Eßl. Olivenöl	verrühren
1 Becher (150 g) Crème fraîche	unterrühren
10 Spinatblätter	abspülen, in
kochendes Wasser	geben, zum Kochen bringen, 2–3 Minuten kochen, abtropfen lassen, fein hacken
1 Zwiebel	abziehen, fein würfeln beide Zutaten mit
3 Eßl. feingeschnittenem Schnittlauch	
1 Eßl. gehackten Zitronenmelisse-blättchen	
1 Eßl. gehackten Pimpinelleblättchen	
1 Eßl. gehackten Borretschblättchen	
1 Eßl. gehacktem Dill	
1 Eßl. gehackten Kerbelblättchen	
1 Eßl. gehackten Estragonblättchen	
1 Eßl. gehackten Basilikumblättchen	
1 Eßl. gehackter Petersilie	in die Eier-Crème-fraîche-Masse geben, mit
1 Teel. Senf	
4–6 Eßl. Sahne	verrühren, das gehackte Eiweiß,
1–2 Eßl. Essig	unterrühren, mit
Salz	
frisch gemahlenem weißem Pfeffer	würzen.
Empfehlung:	Zu gekochtem Rindfleisch, pochierten Eiern oder zu Gemüse-Salaten reichen.

Leichte Küche

Birnen-Salat

(Abb. S. 202/203)

4 mittelgroße Birnen	waschen, abtrocknen, vierteln, entkernen, in Scheiben schneiden (einige Scheiben zum Garnieren zurücklassen)
1 Becher (150 g) Sahnejoghurt	mit
1–2 Eßl. Zucker	
½ Päckchen Vanillin-Zucker	
etwas gemahlenem Zimt	verrühren, über die Birnenscheiben geben
6 gehäufte Eßl. Kernige Haferflocken	
1–2 Eßl. gehackte Walnuß- oder Haselnußkerne	vorsichtig unterrühren den Birnen-Salat in eine Schüssel füllen, mit den zurückgelassenen Birnenscheiben garnieren.
Veränderung:	Anstelle von frischen Birnen eingemachtes Obst (z. B. Birnen, Kirschen, Stachelbeeren) verwenden.

Weintrauben-Becher

(2–3 Portionen)

1 Eßl. Butter	in einer Pfanne zerlassen
8 Eßl. Kernige Haferflocken	unter ständigem Rühren darin goldgelb rösten, mit
1 Eßl. Zucker	bestreuen, noch etwa 1 Minute weiter rösten, erkalten lassen
250 g grüne oder blaue Weintrauben	waschen, entstielen, gut abtropfen lassen, halbieren, entkernen
250 g Sahnequark	mit
1 Eßl. Zitronensaft	
2 Eßl. Zucker	zu einer geschmeidigen Masse verrühren die Zutaten schichtweise in Gläser füllen.

Quark-Speise mit Himbeeren

1 Päckchen Gelatine gemahlen, weiß	in einem kleinen Topf mit
5 Eßl. kaltem Wasser	anrühren, 10 Minuten zum Quellen stehenlassen, unter Rühren erwärmen, bis sie gelöst ist
250 g Sahnequark	mit
75 g Zucker	
Saft von 1 Zitrone	gut verrühren

40 g abgezogene, gehackte Mandeln	
4 Eßl. Instant Haferflocken	mit der lauwarmen Gelatine-Lösung unter die Quark-Masse schlagen
etwa 300 g verlesene Himbeeren	vorsichtig unterheben
	die Quark-Masse in mit Wasser ausgespülte Förmchen füllen
	die Speise im Kühlschrank fest werden lassen, auf Dessertteller stürzen, mit
Himbeeren	garnieren, nach Belieben mit
Schlagsahne	verzieren.

Erdbeer-Milchmix

250 g Erdbeeren	waschen, abtropfen lassen, entstielen, pürieren, nach und nach mit
500 ml (1/2 l) Dickmilch	
500 ml (1/2 l) Milch	verrühren, mit
etwa 3 Eßl. Zucker	abschmecken
4 gehäufte Eßl. Instant Haferflocken	unterrühren
	den Erdbeer-Milchmix in Gläser füllen, mit
gerösteten Haferflocken	
Erdbeerhälften	garnieren, gut gekühlt servieren.

Tropen-Müsli

1 Eßl. Butter	in einer Pfanne zerlassen
8 Eßl. Kernige Haferflocken	darin unter ständigem Rühren goldgelb rösten, mit
1 Eßl. Zucker	bestreuen, noch etwa 1 Minute weiter rösten, erkalten lassen
1 Mango	halbieren, entsteinen
2 Kiwis	
2 Bananen	
	die drei Zutaten schälen
2 Nektarinen oder Pfirsiche	waschen, halbieren, entsteinen
	das Obst in Scheiben schneiden, in eine Schale geben
1 Eßl. Zitronensaft	
2 Eßl. Zucker	unterrühren
200 ml (1/5 l) Dickmilch	darüber geben, mit den Röstflocken bestreuen.

Beeren-Schaum
(Etwa 1 Portion)

1 Eiweiß	mit
1 Eßl. Zucker	verrühren, steif schlagen
1 Eigelb	cremig schlagen, unter den Eischnee ziehen
etwa 200 g vorbereitete Beeren (Himbeeren, rote oder schwarze Johannisbeeren, Heidelbeeren, Brombeeren)	mit
3 gehäuften Eßl. Kernigen Haferflocken	vermengen, vorsichtig unter den Eischaum heben.
Veränderung:	Anstelle von frischen Beeren tiefgekühltes oder eingemachtes Obst verwenden.

Apfel-Rohkost
(Etwa 2 Portionen)

2 mittelgroße Äpfel	waschen, abtrocknen, vierteln, entkernen, in kleine Stücke schneiden, mit
1 Becher (150 g) Joghurt	
1 Eßl. Zucker	vermengen
6 gehäufte Eßl. Kernige Haferflocken	unterrühren.
Veränderung:	Geriebene Haselnußkerne, verlesene Rosinen oder etwas gemahlenen Zimt untermischen.

Pampelmusen-Müsli
(Etwa 2 Portionen)

1 Pampelmuse	waschen, abtrocknen, quer halbieren, mit einem spitzen, scharfen Messer das Fruchtfleisch vorsichtig aus der Schale lösen, die weiße Haut entfernen
1 Pfirsich	waschen, halbieren, entsteinen beide Zutaten kleinschneiden, mit
1 Becher (150 g) Joghurt	
1–2 Eßl. Zucker	vermengen
4 Eßl. Kernige Haferflocken	unterheben, die Masse in die Pampelmusenhälften füllen, mit
Cocktailkirschen Zitronenmelisse	garnieren.

Himbeer-Schälchen

1–2 Eßl. Butter	in einer Pfanne zerlassen
100 g Instant Haferflocken	darin unter ständigem Rühren goldgelb rösten, mit
1–2 Eßl. Zucker	bestreuen, noch etwa 1 Minute weiter rösten, erkalten lassen
400 g Himbeeren	sorgfältig verlesen, mit
1 Teel. abgeriebener Zitronenschale (unbehandelt)	vermengen, mit
Zucker	abschmecken
125 ml (1/8 l) Schlagsahne	mit
1 Päckchen Vanillin-Zucker	verrühren, steif schlagen
	die Himbeeren auf Schälchen verteilen, mit den Röstflocken bestreuen, die Sahne darauf geben.
Veränderung:	Anstelle von Schlagsahne Speisequark oder Sahnejoghurt verwenden.

Chicorée-Rohkost

(Etwa 2 Portionen)

	Von
1–2 Chicorée	die welken Blätter entfernen, den Chicorée halbieren, den Strunk keilförmig herausschneiden, den Chicorée waschen, abtropfen lassen (sechs äußere Blätter zum Anrichten zurücklassen)
1 mittelgroßen Apfel	waschen, abtrocknen, vierteln, entkernen
1 mittelgroße Apfelsine	schälen, von der weißen Haut befreien
	die drei Zutaten kleinschneiden
	für die Soße
1 Eßl. Zitronensaft	mit
2 Eßl. Sahne	
1 Teel. Zucker	verrühren, mit
Salz	abschmecken, mit den Zutaten vermengen
	die Rohkost etwas durchziehen lassen, evtl. nochmals mit Salz,
Zucker	abschmecken
3–4 Eßl. Blütenzarte Haferflocken	vorsichtig unterrühren
	die Chicorée-Rohkost auf den zurückgelassenen Chicoréeblättern anrichten, mit
glatter Petersilie	garnieren.
Veränderung:	Etwa 1 Eßl. geriebene oder feingehackte Haselnußkerne in die Soße geben.

Knusper-Bratäpfel

	Für die Füllung
3 Eßl. Rosinen	verlesen, in
5 Eßl. Rum	etwa 1 Stunde quellen lassen
2 Eßl. Butter oder Margarine	in einer Pfanne zerlassen
4 Eßl. Blütenzarte Haferflocken	
5 Eßl. braunen Zucker (Rohrzucker)	darin unter ständigem Rühren leicht bräunen lassen, die Pfanne von der Kochstelle nehmen, Rum-Rosinen,
5 Eßl. Sahne	hineingeben, gut verrühren
4–5 Äpfel (z. B. Boskop)	waschen, das Kerngehäuse ausstechen, in eine gefettete, feuerfeste Form setzen, mit der Knusper-Masse füllen, die Form auf dem Rost in den vorgeheizten Backofen schieben
Strom:	Etwa 225
Gas:	Etwa 5
Backzeit:	Etwa 30 Minuten.
Beigabe:	Vanille-Soße oder Nuß-Eis.

Überbackene Ananas

	Die Hälfte von
8 Scheiben Ananas (aus der Dose)	in eine gefettete feuerfeste Form legen, die Scheiben mit
2 Eßl. Apfelsinen-Marmelade	bestreichen, die übrigen Ananasscheiben darauf legen
50 g Butter	zerlassen
100 g Blütenzarte Haferflocken	
50 g Zucker	
50 g abgezogene, gehackte Mandeln	dazugeben, mit der Butter vermengen die Masse über die Ananasscheiben verteilen die Form auf dem Rost in den vorgeheizten Backofen schieben überbackene Ananas mit
Apfelsinenschalen-streifen (unbehandelt)	
Apfelsinenspalten	garnieren, warm oder kalt servieren.
Strom:	Etwa 200
Gas:	Etwa 4
Backzeit:	Etwa 10 Minuten.
Beigabe:	Schlagsahne.

Apfelsinen-Flocken

(Etwa 1 Portion)

2 kleine Apfelsinen	schälen, von der weißen Haut befreien, in kleine Stücke schneiden, mit
1 Eßl. Honig	vermengen, einige Minuten zum Saftziehen stehenlassen
4 gehäufte Eßl. Kernige Haferflocken	mit den Apfelsinenstücken vermengen, in ein Schälchen geben, nach Belieben mit
1 Apfelsinenscheibe Minzeblättchen	garnieren.
Veränderung:	Gehackte Mandeln oder Nüsse unterrühren, mit flüssiger Sahne begießen.

Quark-Creme mit Obst

250 g Speisequark	mit
125 ml (1/8 l) Milch	
Saft von 1 Zitrone	
3 Eßl. Zucker	
3–4 gehäuften Eßl. Blütenzarten Haferflocken	zu einer geschmeidigen Creme rühren, nach Belieben in einer ausgehöhlten
Melonenhälfte	anrichten.
Beigabe:	Verschiedene Obstsorten mit Cocktail-Spießen zum Eintauchen in die Quark-Creme.

Müsli nach Bircher-Benner

200 g Kernige Haferflocken	mit
250 ml (1/4 l) Milch	
125 ml (1/8 l) Sahne	übergießen, durchziehen lassen
4 Äpfel	waschen, abtrocknen, vierteln, entkernen, kleinschneiden, mit dem
Saft von 1 Zitrone	beträufeln
2 Bananen	schälen, in Scheiben schneiden
4 Apfelsinen	schälen, von der weißen Haut befreien, in kleine Stücke schneiden
50 g gehackte Haselnußkerne oder abgezogene, gehackte Mandeln	
2 Eßl. Honig oder 4 gehäufte Eßl. Zucker	mit dem Obst vermengen, unter die Haferflocken heben.

Gefüllte Gurken

(Abb. nebenstehend)

	Von
1–2 Salatgurken	die Enden abschneiden, die Gurken waschen, längs halbieren, in Stücke schneiden die Gurkenstücke aushöhlen, innen und außen mit
Salz	
Pfeffer	bestreuen, stehenlassen, damit die sich bildende Flüssigkeit entweichen kann die Gurken trockentupfen
	für die Füllung
150 g Thunfisch	
(aus der Dose)	abtropfen lassen, zerpflücken
2 hartgekochte Eier	pellen, in Würfel schneiden
2 Eigelb	mit
1–2 Teel. Senf	
1 Eßl. Essig oder	
Zitronensaft	
Salz	
Pfeffer	
Zucker	zu einer dicklichen Masse schlagen
125 ml (1/8 l)	
Salatöl	nach und nach unterschlagen die Mayonnaise mit dem Thunfisch, den Eierwürfeln vermengen, die Gurken damit füllen, mit
Zitronenscheiben	
(unbehandelt)	
Tomatenachteln	
Dill	garnieren.

Garnierte Äpfel

50 g Butter	geschmeidig rühren
100 g Edelpilzkäse	mit einer Gabel zerdrücken, mit
1 Eßl. Sahne	unter die Butter rühren, mit
Salz	
gehacktem Kümmel	würzen
3 Äpfel	waschen, abtrocknen, vierteln, entkernen, mit
Zitronensaft	beträufeln eine Platte mit
gewaschenen	
Salatblättern	auslegen, die Apfelviertel darauf anrichten die Käse-Masse in einen Spritzbeutel füllen, auf die Apfelviertel spritzen, mit
abgezogenen, gehackten	
Mandeln	bestreuen.
Beigabe:	Kräckers.

Wildschwein-Schinken mit Artischocken-Salat

150 g Wildschwein-Schinken (in hauchdünne Scheiben geschnitten)	auf einer Pfanne anrichten
	für den Artischocken-Salat
4 Artischockenböden (aus der Dose)	abtropfen lassen, in etwa 2 cm dicke Streifen schneiden
3–4 Eßl. Olivenöl	mit dem
Saft von 1/2 Zitrone	verrühren, mit
Salz, Pfeffer	abschmecken, mit den Artischockenstreifen vermengen, nach Belieben in
1 großen geputzen, gewaschenen Artischocke	anrichten, mit
Zitronenscheiben (unbehandelt) Basilikumblättchen	garnieren, zu dem Schinken reichen.

Marinierte Champignons

(Etwa 6 Portionen)

	Für die Marinade
etwa 5 Eßl. Olivenöl	in eine große Bratpfanne geben
2 Knoblauchzehen	abziehen, durchpressen, mit
etwa 200 ml (1/5 l) Wasser etwa 4 Eßl. Zitronensaft 2 Lorbeerblättern Salz Pfeffer	zu dem Öl geben, zugedeckt zum Kochen bringen, etwa 5 Minuten kochen lassen
750 g kleine, feste Champignons	putzen, waschen, abtropfen lassen, in die Marinade geben, zugedeckt 7–10 Minuten dünsten lassen, mit Salz, Pfeffer würzen, in der Marinade erkalten lassen, mehrere Stunden oder über Nacht durchziehen lassen die Marinade kurz vor dem Servieren abgießen die Champignons mit
1–2 Eßl. gehackter Petersilie	verrühren, auf Glastellern anrichten, mit
Tomatenachteln Petersilie	garnieren.
Beigabe:	Stangenweißbrot, Butter.

Überbackener Fenchel

4 kleine Fenchelknollen (etwa 750 g)	putzen, waschen, halbieren
60 g Butter	zerlassen, die Fenchelknollen darin gar dünsten lassen, mit
Salz	würzen die Fenchelknollen nebeneinander in eine gefettete feuerfeste Form legen
2 Eier	mit
125 ml (1/8 l) Milch	
3 Eßl. Instant Haferflocken	verrühren, die Masse über die Fenchelknollen gießen
400 g gekochten Schinken	in Streifen schneiden, über dem Fenchel verteilen
100 g geriebenen Butterkäse	darüber streuen, die Form auf dem Rost in den vorgeheizten Backofen schieben den überbackenen Fenchel mit
2–3 Eßl. gehackter Petersilie	bestreuen
Strom:	Etwa 200
Gas:	Etwa 4
Backzeit:	Etwa 30 Minuten.
Veränderung:	Anstelle von Fenchelknollen Staudensellerie, Porreestangen oder Chicorée verwenden.

Bolivianische Äpfel

4 große Äpfel	waschen, abtrocknen, einen Deckel abschneiden, die Äpfel entkernen, vorsichtig aushöhlen, das Apfelfleisch kleinschneiden
etwa 300 g mittelalten Gouda-Käse	
125 g Cervelatwurst	
3 Gewürzgurken	
	die drei Zutaten in Streifen schneiden
	für die Salatsoße
4 Eßl. Sahne	mit dem
Saft von 1 Zitrone	
3 Eßl. Salatöl	gut verschlagen
1/2 Teel. Senf	
1 Teel. Tomaten-Ketchup	unterrühren, mit
Salz, Pfeffer	
Zucker	würzen, mit den Salatzutaten vermengen den Salat in die ausgehöhlten Äpfel füllen.
Beigabe:	Toast, Butter.

Gefüllte Weinblätter

(Etwa 6 Portionen – Abb. nebenstehend)

Etwa 300 g eingelegte Weinblätter (aus dem Glas)	vorsichtig auseinanderfalten, unter fließendem warmem Wasser abspülen, trockentupfen
75 g Langkornreis	mit
kochendem Wasser	übergießen, etwa 5 Minuten stehenlassen, auf ein Sieb geben, gut abtropfen lassen
2 große Zwiebeln	abziehen, fein würfeln, mit dem Reis,
500 g Gehacktem (halb Rind-, halb Schweinefleisch)	
2 Eßl. Olivenöl	
1 Eßl. gehackten Minzeblättchen	
1 Eßl. gehacktem Dill	vermengen, mit
Salz, Pfeffer	
gemahlenem Zimt	würzen, die Masse gut durcharbeiten eine große, flache Form mit einigen Weinblättern auslegen etwa 1 Eßl. der Hackfleisch-Masse zu einem Röllchen formen, auf die Unterseite eines Weinblattes quer an den Stielansatz legen, die Blattseiten über den Enden des Röllchens zusammenfalten, das Blatt zur Spitze hin fest aufrollen aus der Hackfleisch-Masse und den Weinblättern etwa 30 Röllchen formen, dicht nebeneinander in die Form legen
250–375 ml (1/4–3/8 l) heiße Instant-Hühnerbrühe	mit
3–4 Eßl. Zitronensaft	darüber gießen (Weinblätter müssen knapp bedeckt sein) die Weinblätter zum Kochen bringen, mit einem flachen Teller beschweren (den Teller nach etwa 15 Minuten entfernen) die gefüllten Weinblätter in 35–40 Minuten gar dünsten, in der Flüssigkeit erkalten lassen.

Möhren-Salat

500 g Möhren	putzen, schrappen, waschen, raspeln
	für die Salatsoße
3 Eßl. Zitronensaft	mit
1 Teel. Salatöl	verrühren, mit
1–2 Eßl. Zucker	
Salz	abschmecken, mit den Möhren vermengen.

Porree-Suppe

3 Stangen Porree (etwa 300 g)	putzen, das dunkle Grün bis auf etwa 10 cm entfernen, den Porree in dünne Scheiben schneiden, gründlich waschen
1 Eßl. Butter	zerlassen, die Porreescheiben darin andünsten
50 g Instant Haferflocken	hinzufügen, unter Rühren mitdünsten lassen
1 l Instant-Fleischbrühe	hinzugießen, zum Kochen bringen, etwa 10 Minuten kochen lassen
125 ml (1/8 l) Sahne	unterrühren, die Suppe mit
Salz	
Paprika edelsüß	würzen.

Kräuter-Pfannkuchen mit Quark-Creme

	Für die Quark-Creme
250 g Magerquark	mit
etwa 4 Eßl. Sahne	gut verrühren
1 Teel. geriebenen Meerrettich (aus dem Glas)	
3 Eßl. Instant Haferflocken	
1–2 Eßl. feingeschnittenen Schnittlauch	unterrühren, die Quark-Creme mit
Salz	würzen
	für die Kräuter-Pfannkuchen
150 g Weizenmehl	in eine Schüssel sieben, mit
2 Eßl. Kernigen Haferflocken	mischen, in die Mitte eine Vertiefung eindrücken
3 Eier	mit
250 ml (1/4 l) Mineralwasser	verschlagen, etwas davon in die Vertiefung geben, von der Mitte aus Eier-Flüssigkeit und Mehl-Haferflocken-Mischung verrühren, nach und nach die übrige Eier-Flüssigkeit dazugeben, darauf achten, daß keine Klumpen entstehen, etwa 1 Stunde quellen lassen
50 g geriebenen Käse	
2 Eßl. gemischte, gehackte Kräuter	unter den Teig rühren
1 Zwiebel	abziehen, fein würfeln, hinzufügen den Teig mit
Salz	würzen

	etwas von
4 Eßl. Speiseöl	in einer Pfanne erhitzen, eine dünne Teiglage darin von beiden Seiten goldgelb backen
	bevor der Pfannkuchen gewendet wird, etwas Speiseöl in die Pfanne geben
	den fertigen Pfannkuchen warm stellen
	den restlichen Teig auf die gleiche Weise verarbeiten
	die Pfannkuchen mit der Quark-Creme servieren, mit
Brunnenkresse	garnieren.

Omeletts

4 Eier	mit
1/2 Teel. Salz	
4 Eßl. Milch	
4 Eßl. Instant Haferflocken	gut verschlagen
	etwas von
2 Eßl. Butter	in einer Pfanne zerlassen, etwa 1/4 der Eier-Masse hineingeben, von beiden Seiten goldbraun backen
	bevor das Omelett gewendet wird, etwas Fett in die Pfanne geben
	das fertige Omelett warm stellen
	die restliche Eier-Masse auf die gleiche Weise verarbeiten.
Beilage:	Gezuckerte Erdbeeren, Johannisbeeren oder Himbeeren.

Rührei mit Flocken

4 Eier	mit
4 Eßl. Milch	
Salz	
4 Eßl. Instant Haferflocken	verschlagen
1–2 Eßl. Butter	in einer Pfanne zerlassen, die Eier-Masse hineingeben
	sobald die Masse zu stocken beginnt, sie mit einem Löffel strichweise vom Boden der Pfanne losrühren, so lange weiter erhitzen, bis keine Flüssigkeit mehr vorhanden ist
	Rührei muß weich und großflockig, aber nicht trocken sein
	das Rührei auf
4 Graubrotscheiben	anrichten, mit
1 Eßl. feingeschnittenem Schnittlauch	bestreuen
100 g rohen Schinken	in Würfel schneiden, darüber streuen.

Kräuter-Suppe

1 kleine Stange Porree	putzen, das dunkle Grün bis auf etwa 10 cm entfernen, den Porree kleinschneiden, gründlich waschen
50 g Butter	zerlassen, die Porreestücke darin andünsten
30 g Instant Haferflocken	unterrühren
1 l heiße Instant-Hühnerbrühe	hinzugießen
100 g gemischte Kräuter (Kerbel, Petersilie, Estragon, Kresse, Dill, Schnittlauch, Sauerampfer)	waschen, trockentupfen, fein hacken, in die Brühe geben, pürieren, die Suppe zum Kochen bringen, 2–3 Minuten kochen lassen
1 Eigelb	mit
125 ml (1/8 l) Sahne	verschlagen, die Suppe damit abziehen, mit
Zucker frisch gemahlenem Pfeffer geriebener Muskatnuß	würzen, mit
Brunnenkresse	garnieren.

Ragout fin in Muscheln

300 g gekochte Kalbszunge 175 g gekochtes Kalbshirn 250 g gekochtes Kalbfleisch (ohne Knochen)	die Zutaten in kleine Würfel schneiden
	für die Soße
40 g Butter oder Margarine	zerlassen
50 g Weizenmehl	unter Rühren so lange darin erhitzen, bis es hellgelb ist
500 (1/2 l) Fleischbrühe	hinzugießen, mit einem Schneebesen durchschlagen, darauf achten, daß keine Klumpen entstehen, zum Kochen bringen, etwa 5 Minuten kochen lassen
100 g Champignons	putzen, waschen, gut abtropfen lassen, in kleine Stücke schneiden, in die Soße geben, kurz aufkochen lassen, das Fleisch hinzufügen, miterhitzen
2 Eigelb	mit
2 Eßl. kalter Milch	verschlagen, das Ragout fin damit abziehen (nicht mehr kochen lassen)

2 Eßl. Zitronensaft	mit
1 Eßl. Weißwein	in das Ragout fin geben, mit
Salz	
Pfeffer	
Worcestersauce	würzen
	die Masse in 12 Muschel- oder Ragout fin-Förmchen füllen, mit
2 Eßl. Semmelmehl	
3 Eßl. geriebenem Gouda-Käse	bestreuen
Butter	in Flöckchen darauf setzen, die Förmchen auf dem Rost in den vorgeheizten Backofen schieben
Strom:	225–250
Gas:	8
Backzeit:	10–15 Minuten.

Rinderfilet Imperial

(Etwa 2 Portionen)

400 g Rinderfilet	unter fließendem kaltem Wasser abspülen, trockentupfen, in zwei Scheiben schneiden, mit
grob gemahlenem Pfeffer	
1 Teel. Kräutern der Provence	einreiben
	nach Belieben
½ Knoblauchzehe	abziehen, eine Bratpfanne damit ausreiben
2–3 Eßl. Speiseöl	darin erhitzen, die Filetscheiben von jeder Seite etwa 3 Minuten braten, herausnehmen, warm stellen
1 Zwiebel	abziehen, würfeln
1–2 Eßl. Butter	zerlassen, die Zwiebelwürfel darin glasig dünsten lassen
100 ml Weißwein	hinzugießen
1 Becher (150 g) Crème fraîche	unterrühren, kurz aufkochen lassen, die Soße mit Pfeffer,
Salz	
Fleischextrakt	würzen
1 Eßl. gehackte Petersilie	
1 Eßl. gehackte Estragonblättchen	unterrühren
2 Scheiben Weißbrot (je etwa 3 cm dick)	in Streifen schneiden, von allen Seiten in
zerlassener Butter	rösten, auf einer vorgewärmten Platte anrichten
	jede Filetscheibe nochmals durchschneiden, mit Salz würzen, auf dem Brot anrichten, etwas von der Soße darüber geben, die restliche Soße dazureichen.
Beilage:	Spargel, Champignons.
Veränderung:	3 Eßl. Weinbrand anwärmen, über das Fleisch gießen, anzünden.

Garnierte Platten

Garnierte Eier

(Abb. S. 220/221)

4 hartgekochte Eier	pellen, längs halbieren, das Eigelb herauslösen, durch ein feines Sieb streichen, mit
100 g Doppelrahm-Frischkäse	
1 Eßl. Crème fraîche	verrühren, mit
Salz, Pfeffer	
Paprika edelsüß	
Currypulver	würzen die Masse in einen Spritzbeutel mit Sterntülle füllen, in die ausgehöhlten Eierhälften spritzen, mit
Shrimps	
geviertelten Zitronenscheiben (unbehandelt)	
Dillzweigen	garnieren.

Garnierte Kalbsmedaillons

(Abb. S. 220/221)

250 g Kalbsfilet	unter fließendem kaltem Wasser abspülen, trockentupfen, evtl. Haut und Sehnen entfernen, das Fleisch in 4 gleichmäßige Scheiben schneiden, etwas zusammendrücken, mit
Salz, Pfeffer	würzen
1 Eßl. Butterschmalz	erhitzen, das Fleisch von jeder Seite etwa 3 Minuten darin braten, herausnehmen, auf einen Teller legen, mit
1 Eßl. Weinbrand	beträufeln, erkalten lassen
80 g Kalbsleber-Pastete	mit
1 Eßl. Crème fraîche	zu einer geschmeidigen Masse verrühren, in einen Spritzbeutel mit Sterntülle füllen, auf die Kalbsmedaillons spritzen, mit
Aspikwürfeln (S. 98)	
geviertelten Cocktailkirschen	
Mandarinenspalten	
Thymianblättchen	garnieren.

Rehmedaillons, garniert

8 Rehmedaillons (je etwa 75 g, aus dem Rücken)	mit
Salz	
Pfeffer	
gemahlenem Rosmarin	einreiben, mit
Zitronensaft	beträufeln, mit

80 g dünnen durchwachsenen Speckscheiben	umwickeln, so daß sie eine runde, hohe Form bekommen, den Speck mit einem Holzspießchen feststecken oder mit Küchengarn umwickeln
2 Eßl. Butterschmalz	erhitzen, das Fleisch von jeder Seite etwa 3 Minuten darin anbraten, herausnehmen, auf einen Teller legen, Holzspießchen (Küchengarn) entfernen, mit
1 Eßl. Weinbrand	beträufeln, erkalten lassen
150 g Geflügelleberpastete (aus der Dose)	mit
2 Eßl. Crème fraîche Weinbrand	zu einer geschmeidigen Masse verrühren, in einen Spritzbeutel mit gezackter Tülle füllen, auf die Rehmedaillons spritzen, mit
Kiwischeiben gedünsteten Champignonscheiben gedünsteten Pfifferlingen grünen Weintrauben Mandarinenspalten Pistazienkernen Petersilie	garnieren.
Beigabe:	Cumberlandsoße (S. 192), Toast, Butter.

Schinken-Platte

Etwa 1 kg westfälischen Knochenschinken oder verschiedene Schinkensorten	in Scheiben schneiden, auf einem Holzbrett anrichten
etwa 1/2 kleine Salatgurke	waschen, abtrocknen, mit einem Buntmesser in Scheiben schneiden
1 Rettich	schälen, waschen, abtrocknen, mit einem Rettichschneider zur Spirale schneiden
Radieschen	putzen, waschen, abtrocknen, in gleichmäßigen Abständen viermal von oben nach unten bis zur Mitte einschneiden, jedes Viertel außen einmal halbrund einkerben, kurze Zeit in kaltes Wasser legen
Gewürzgurken	mehrmals von oben nach unten einschneiden, fächerförmig auseinanderziehen
Tomaten	waschen, abtrocknen, die Stengelansätze herausschneiden, die Tomaten in Achtel schneiden
Petersilie	abspülen, trockentupfen, Stiele abschneiden die Schinken-Platte mit den 6 Zutaten garnieren.
Beigabe:	Verschiedene Brotsorten, Butter.

Ente mit Feigen

(Abb. nebenstehend)

1 küchenfertige Ente (etwa 1 1/2 kg) unter fließendem kaltem Wasser abspülen, trockentupfen, innen mit
Salz, Pfeffer einreiben, mit dem Rücken nach unten auf den Rost auf eine mit Wasser ausgespülte Rostbratpfanne legen, auf die untere Schiene in den vorgeheizten Backofen schieben
während des Bratens ab und zu unterhalb der Flügel und Keulen in die Ente stechen, damit das Fett besser ausbraten kann, nach etwa 30 Minuten das sich angesammelte Fett abschöpfen, sobald der Bratensatz bräunt, etwas
heißes Wasser hinzugießen, die Ente ab und zu mit dem Bratensatz begießen, verdampfte Flüssigkeit nach und nach ersetzen
Strom: 200–225, **Gas:** 3–4
Bratzeit: Etwa 1 3/4 Stunden
die gare Ente erkalten lassen
den Bratensatz durch ein Sieb gießen, entfetten
1 Teel. Gelatine gemahlen, weiß mit
1 Eßl. kaltem Wasser anrühren, 10 Minuten zum Quellen stehenlassen, unter den noch heißen Bratensatz rühren, so lange rühren, bis sie gelöst ist, den Bratensatz mit Salz, Pfeffer würzen
1 Eßl. Portwein unterrühren, kalt stellen
das Brustfleisch der Ente vom Knochen lösen, in Scheiben schneiden, wieder auf das Knochengerüst legen, auf einer Platte anrichten
4–6 frische Feigen waschen, abtropfen lassen, kreuzförmig einschneiden, etwas auseinanderbiegen, um die Ente herumsetzen
den erkalteten, festgewordenen Bratensatz in Würfel schneiden, mit auf die Platte geben, mit
Zitronenmelisse garnieren.

Kasseler-Platte

(Etwa 8 Portionen)

1 1/2 Kasseler Rippenspeer (ohne Knochen) unter fließendem kaltem Wasser abspülen, trockentupfen, auf ein genügend großes Stück Bratfolie legen, die Folie verschließen, auf dem Rost in die Mitte des vorgeheizten Backofens schieben
Strom: 200
Gas: Etwa 3 1/2
Bratzeit: Etwa 50 Minuten
das gare Fleisch aus dem Backofen nehmen, kurze Zeit ruhen lassen, erst dann die Bratfolie öffnen, das Fleisch erkalten lassen, in etwa fingerdicke Scheiben schneiden, auf einer Platte anrichten.

Käse-Platte

	Auf einer Platte oder einem Brett je 1 Stück
Emmentaler Käse	
Ziegenkäse	
Tilsiter Käse	
Brie	
Cheddar-Käse	
Roquefort-Käse	
Gouda-Käse	anrichten, mit
gewaschenen blauen oder grünen Weintrauben	garnieren.

Senf-Braten

(In der Bratfolie – Abb. nebenstehend)

Etwa 1 kg Kotelettstück mit Filet vom Schwein (ohne Knochen)	unter fließendem kaltem Wasser abspülen, trockentupfen, mit einem scharfen Messer längs tief einschneiden, mit
Salz	
Pfeffer	einreiben
	für die Füllung
2 Zwiebeln	abziehen, fein würfeln
1 Knoblauchzehe	abziehen, zerdrücken beide Zutaten mit
2 Eßl. scharfem Senf	
2 Eßl. französischem Gewürz-Senf	
3 Bund gemischten, gehackten Kräutern	verrühren die Masse in den Fleischeinschnitt füllen, mit der restlichen Masse das Fleisch bestreichen, das Fleisch mit Küchengarn umwickeln, auf ein genügend großes Stück Bratfolie legen, die Folie verschließen, auf dem Rost in den vorgeheizten Backofen schieben
Strom:	200
Gas:	Etwa 3 1/2
Bratzeit:	Etwa 1 Stunde das gare Fleisch aus dem Backofen nehmen, kurze Zeit ruhen lassen, erst dann die Bratfolie öffnen, das Fleisch erkalten lassen, in Scheiben schneiden (Küchengarn entfernen), auf einer Platte anrichten, mit
Kerbel	
Tomatenröschen	garnieren.
Beigabe:	Dunkles Brot.

Rinderfiletscheiben, fruchtig und pikant

(Etwa 20 Portionen)

2 x 1 kg Rinderfilet (jeweils aus der Mitte geschnitten)	unter fließendem kaltem Wasser abspülen, trockentupfen, evtl. Haut entfernen
4–5 Eßl. Speiseöl	in einer großen Bratpfanne erhitzen, die Filets von allen Seiten etwa 5 Minuten darin anbraten, mit
Salz, Pfeffer	würzen, in eine feuerfeste Form legen, das Bratfett darüber gießen, die Form auf dem Rost in den vorgeheizten Backofen schieben die Filets während des Bratens ab und zu wenden, mit dem Bratensatz begießen
Strom:	225–250
Gas:	6–7
Bratzeit:	Etwa 30 Minuten die garen Rinderfilets aus dem Backofen nehmen, erkalten lassen, jedes Filet in 14–16 Scheiben schneiden die Filetscheiben wie folgt garnieren
1. Vorschlag:	
12 gedünstete Aprikosenhälften	mit einer von
12 Cocktailkirschen	füllen jeweils 2 Aprikosenhälften auf 3 Filetscheiben anrichten, mit
Zitronenmelisse	garnieren
2. Vorschlag:	
200 g gedünstete Erbsen	pürieren, durch ein Sieb streichen
1 Teel. Gelatine gemahlen, weiß	mit
1 Eßl. kaltem Wasser	in einem kleinen Topf anrühren, 10 Minuten zum Quellen stehenlassen, unter Rühren erwärmen, bis sie gelöst ist, unter das Erbsenpüree rühren
1 Becher (150 g) Crème fraîche	anschlagen, unterheben, die Erbsencreme mit
Salz, Pfeffer geriebener Muskatnuß Pilz-Sojasoße	würzen, die Creme in einen Spritzbeutel mit gezackter Tülle füllen, einen Ring auf den Rand von 6 Filetscheiben spritzen
1–2 Tomaten	waschen, die Stengelansätze herausschneiden, die Tomaten halbieren, entkernen, das Tomatenfleisch in kleine Würfel schneiden, auf Küchenpapier abtropfen lassen die gespritzten Ringe mit den Tomatenwürfeln füllen, mit
Petersilienblättchen	garnieren
3. Vorschlag:	
½ reife Mango	schälen, entsteinen, in 12 Spalten schneiden

	6 Filetscheiben mit jeweils 2 Mangospalten über Kreuz belegen, mit jeweils einer von
6 Walnußkernhälften	garnieren
4. Vorschlag:	
Etwa 80 g Gänseleber-pastete	kühl stellen, in 6 Scheiben schneiden, 6 Filetscheiben damit belegen
12 Mandarinenspalten (aus der Dose)	abtropfen lassen, jeweils 2 Mandarinenspalten auf jede Pastetenscheibe legen jede Filetscheibe mit
Pistazienkernen	garnieren
5. Vorschlag:	
200 g Geflügelleber	waschen, trockentupfen, evtl. Haut entfernen
1 Eßl. Butterschmalz	erhitzen, die Leber etwa 3 Minuten von allen Seiten darin braten, mit
Salz, Pfeffer italienischen Kräutern	würzen, erkalten lassen, pürieren, mit
75 g weicher Butter	verrühren, nochmals mit Salz, Pfeffer,
Madeira oder Weinbrand	abschmecken die Masse in einen Spritzbeutel mit gezackter Tülle füllen, auf etwa 8 Filetscheiben Rosetten spritzen
1 hartgekochtes Ei	pellen, in Scheiben schneiden, auf jede Rosette 1 Eischeibe legen
2–3 Oliven, mit Paprika gefüllt	in Scheiben schneiden, jeweils 1 Scheibe auf jede Eischeibe legen
6. Vorschlag:	
3 Eßl. Mandarinenspalten (aus der Dose)	abtropfen lassen, auf 3 Filetscheiben verteilen, mit
gehackten Pistazienkernen	garnieren
	für das Aspik
1 Päckchen Gelatine gemahlen, weiß	mit
4 Eßl. kaltem Wasser	in einem kleinen Topf anrühren, 10 Minuten zum Quellen stehenlassen, unter Rühren erwärmen, bis sie gelöst ist
400 ml klare Schildkröten-suppe (aus der Dose)	zum Kochen bringen, von der Kochstelle nehmen, durch ein Sieb gießen
1–2 Eßl. Madeira	unterrühren, die Gelatine hineingeben, so lange rühren, bis sie gelöst ist, kalt stellen sobald die Flüssigkeit dicklich zu werden beginnt, die Filetscheiben damit bestreichen die restliche Aspik-Flüssigkeit auf einen Teller gießen, im Kühlschrank erstarren lassen das Aspik in kleine Würfel schneiden, mit den glasierten Filetscheiben auf einer großen Platte anrichten.

Roulade grand chef

4 große Rinderrouladen (etwa 750 g)	so nebeneinanderlegen, daß die Breitseiten schuppenförmig übereinanderliegen und eine große Fleischplatte entsteht das Fleisch dünn mit
Dijon-Senf	bestreichen, mit
Salz, Pfeffer	würzen
300–350 g Porree (3–4 Stangen)	putzen, das dunkle Grün bis auf etwa 10 cm entfernen die Porreestreifen längs halbieren oder vierteln, gründlich waschen, in
kochendes Salzwasser	geben, zum Kochen bringen, 2–3 Minuten kochen lassen, auf ein Sieb geben, mit kaltem Wasser übergießen, gut abtropfen lassen, nebeneinander auf die Fleischplatte legen
125 g Schinkenspeckscheiben	auf dem Gemüse verteilen
1 Scheibe Toastbrot	in kaltem Wasser einweichen, gut ausdrücken, mit
375 g Bratwurstmasse **1 Ei** **2 Eßl. gehackter Petersilie** **2 Teel. eingelegtem grünem Pfeffer**	vermengen, mit Salz, Pfeffer abschmecken die Masse auf dem Schinkenspeck verteilen
125 g feingehackte, gedünstete Champignons	darüber geben, die Fleischplatte aufrollen, mit Küchengarn umwickeln, die Roulade mit Salz, Pfeffer bestreuen
3 Eßl. Speiseöl	erhitzen, die Roulade von allen Seiten darin anbraten
250 ml (1/4 l) Rotwein	hinzugießen, den Topf mit einem Deckel verschließen, auf dem Rost in den vorgeheizten Backofen schieben, schmoren lassen die Roulade ab und zu wenden, verdampfte Flüssigkeit nach und nach durch
250 ml (1/4 l) Rotwein	ersetzen
Strom:	175–200
Gas:	3–4
Schmorzeit:	Etwa 1 Stunde die gare Roulade auf eine Platte legen, mit Alufolie abdecken, erkalten lassen, Küchengarn entfernen, das Fleisch in Scheiben schneiden, mit
Kresse **Radieschen**	garnieren die Schmorflüssigkeit durch ein Sieb gießen, erkalten lassen, entfetten
1 Becher (150 g) Crème fraîche	mit so viel Schmorflüssigkeit verrühren, daß eine cremige Soße entsteht, die Soße evtl. mit Salz, Pfeffer,
Zucker	abschmecken, zu dem Fleisch reichen.

Rehsteaks in gehobelten Mandeln

4 Scheiben Rehfleisch (je etwa 150 g, etwa 2 cm dick, aus der Keule geschnitten)	leicht flachklopfen, etwas zusammendrücken, mit
Salz	
geriebener Muskatnuß	bestreuen
	das Fleisch zunächst in
etwa 2 Eßl. Weizenmehl	dann in
1 verschlagenen Ei	zuletzt in
80 g abgezogenen, gehobelten Mandeln	wenden (gut festklopfen)
50 g Butterschmalz	erhitzen, das Fleisch von jeder Seite 3–4 Minuten darin braten (darauf achten, daß die Mandeln nicht zu dunkel werden)
	die Rehsteaks erkalten lassen, auf einer Platte anrichten, mit
Feldsalat	
Apfelsinenscheiben (unbehandelt)	garnieren.

Lammrücken im Teig

	Für den Quark-Blätterteig
250 g Weizenmehl	auf die Tischplatte sieben, in die Mitte eine Vertiefung eindrücken
250 g Magerquark	
Salz	hineingeben, mit einem Teil des Mehls zu einem dicken Brei verarbeiten
250 g kalte Butter	in Stücke schneiden, auf den Brei geben, mit Mehl bedecken, von der Mitte aus alle Zutaten schnell zu einem glatten Teig verkneten, 2–3 Stunden oder über Nacht kalt stellen
2 Lammkotelettstücke (je etwa 1¼ kg)	jeweils vom Knochen lösen, das Fleisch vom Fett befreien, unter fließendem kaltem Wasser abspülen, trockentupfen
	jeweils 2 Fleischstücke mit Küchengarn umwickeln, mit
Salz	
Pfeffer	
Kräutern der Provence	würzen
3–4 Knoblauchzehen	abziehen, durchpressen, das Fleisch damit bestreichen
3 Eßl. Speiseöl	erhitzen, das Fleisch rundherum 5–6 Minuten darin anbraten, erkalten lassen, das Küchengarn entfernen von
1 kg Mangold	die Stiele abschneiden, die Blätter gründlich waschen, in
kochendes Salzwasser	geben, zum Kochen bringen, 2–3 Minuten kochen lassen, auf ein Sieb geben, mit kaltem Wasser übergießen,

abtropfen lassen
die Mangoldstiele waschen, in ½ cm breite Streifen schneiden, in das kochende Salzwasser geben, zum Kochen bringen, 2–3 Minuten kochen, abtropfen lassen

für die Soße

1–2 Knoblauchzehen abziehen, zerdrücken, mit
2 Eßl. Olivenöl
2 Eßl. Weißwein-Essig
1 Teel. Senf verrühren, mit Salz, Pfeffer würzen, mit den Mangoldstreifen vermengen, gut durchziehen lassen
die Hälfte des Teiges zu einem Quadrat von 35 x 35 cm ausrollen, an den Seiten einen 2–3 cm breiten Streifen abschneiden (zum Garnieren zurücklegen)
auf die Mitte des Teiges ¼ von
250 g durchwachsenen Speckscheiben (dünn geschnitten) geben, darauf etwa 4 Mangoldblätter legen, darauf 2 der 4 Fleischstücke legen, mit 4 Mangoldblättern bedecken, mit ¼ der durchwachsenen Speckscheiben belegen
die Teigränder mit etwas von
1 verschlagenen Eiweiß bestreichen, den Teig über das Fleisch klappen, mit der glatten Seite nach unten auf ein mit Wasser abgespültes Backblech legen
mit einem kleinen Ausstecher 2 Löcher in die Teigoberfläche stechen
die Teigreste durchkneten, ausrollen, beliebige Figuren ausstechen, mit Eiweiß bestreichen, auf die Teigoberfläche kleben
die zweite Teighälfte mit den restlichen Zutaten auf die gleiche Weise zubereiten
1 Eigelb mit
1 Eßl. Milch verschlagen, die Teigpakete damit bestreichen, das Backblech in den vorgeheizten Backofen schieben
Strom: 200–225
Gas: Etwa 3 ½
Backzeit: Etwa 40 Minuten
den garen Lammrücken erkalten lassen, im ganzen auf einer Platte anrichten, mit
Mangold garnieren
die restlichen Mangoldblätter in Streifen schneiden, zu den marinierten Mangoldstielen geben
4 mittelgroße Fleischtomaten (etwa 800 g) waschen, abtrocknen, halbieren, aushöhlen, innen mit Pfeffer bestreuen
den Mangold-Salat mit Salz, Pfeffer,
Weißwein abschmecken, einen Teil davon in die ausgehöhlten Tomaten füllen, auf die Fleischplatte setzen
den restlichen Salat in eine Glasschüssel geben, dazureichen.

Garnierter Damwildrücken

1 Damwildrücken	
(etwa 1 1/2 kg)	unter fließendem kaltem Wasser abspülen, trockentupfen, enthäuten
	für die Marinade
1 Eßl. Wacholderbeeren	
1 Eßl. Pfefferkörner	
1 Teel. Pimentkörner	
	die drei Zutaten zerdrücken, mit
2 Lorbeerblättern	in
2 l Buttermilch	geben
1 Zitrone	
(unbehandelt)	mit heißem Wasser abspülen, in Scheiben schneiden, hinzufügen dem Damwildrücken in die Marinade legen, zugedeckt 2–3 Tage an einem kühlen Ort stehenlassen, das Fleisch ab und zu wenden das Fleisch aus der Marinade nehmen, trockentupfen, mit
Salz, Pfeffer	einreiben, mit
40 g weicher Butter	bestreichen
150 g fetten Speck	in Scheiben schneiden, die Hälfte davon in eine mit Wasser ausgespülte Rostbratpfanne legen, das Fleisch darauf legen, mit den restlichen Speckscheiben bedecken, die Rostbratpfanne in den vorgeheizten Backofen schieben die Marinade durch ein Sieb gießen, die Zitronenscheiben entfernen
1 Zwiebel	abziehen, vierteln sobald der Bratensatz bräunt, die Gewürze aus der Marinade, die Zwiebelviertel dazugeben, mitbraten lassen
etwas heißes Wasser	hinzufügen, das Fleisch ab und zu mit dem Bratensatz begießen, verdampfte Flüssigkeit nach und nach ersetzen
Strom:	200–225
Gas:	4–5
Bratzeit:	45–60 Minuten das gare Fleisch vom Knochen lösen, erkalten lassen, in Scheiben schneiden
150 g Geflügelleberpastete	mit
2 Eßl. Crème fraîche	geschmeidig rühren
1 Eßl. feingehackte	
Basilikumblättchen	unterrühren, die Masse in einen Spritzbeutel mit Lochtülle füllen, die Hälfte davon auf das Knochengerüst spritzen, die Fleischscheiben wieder darauf legen, mit der restlichen Geflügelleber-Creme,
gekochten Spargelspitzen	
blauen Weintrauben	
Kumquats	garnieren, das Fleisch mit
Madeira-Aspik (S. 98)	bestreichen.
Beigabe:	Toast oder Stangenweißbrot, Butter.

Schweineschulter mit Mint-Kruste

(4–6 Portionen)

1½ kg Schweineschulter	unter fließendem kaltem Wasser abspülen, trockentupfen, mit
Salz, Pfeffer	
Knoblauchsalz	einreiben, in eine mit Wasser ausgespülte Rostbratpfanne legen
3 Eßl. Speiseöl	erhitzen, über das Fleisch geben, die Rostbratpfanne in den vorgeheizten Backofen schieben sobald der Bratensatz bräunt, etwas von
250 ml (¼ l) Rotwein	
250 ml (¼ l) Instant-Fleischbrühe	hinzugießen, das Fleisch ab und zu mit dem Bratensatz begießen, verdampfte Flüssigkeit nach und nach ersetzen
4 Zwiebeln	abziehen, vierteln
2 Möhren	putzen, schrappen, waschen, in Scheiben schneiden
1 Knoblauchzehe	abziehen, zerdrücken die drei Zutaten etwa 30 Minuten vor Beendigung der Bratzeit in die Rostbratpfanne legen, mitbraten lassen
	für die Mint-Kruste
1 Eßl. weiche Butter	mit
2 Eßl. Mint-Soße (aus dem Glas)	
1 Eßl. feingehackter Petersilie	
1 Eßl. feingehacktem Dill	
etwas gerebeltem Rosmarin	
1 Eßl. Semmelmehl	verrühren die Masse etwa 15 Minuten vor Beendigung der Bratzeit auf das Fleisch streichen, gut andrücken
Strom:	200–225
Gas:	3–4
Bratzeit:	Etwa 2 Stunden das gare Fleisch erkalten lassen, in Scheiben schneiden, auf einer Platte anrichten, mit
Dill- oder Minzezweigen	garnieren den Bratensatz mit dem restlichen Rotwein und der restlichen Brühe loskochen, evtl. noch etwas einkochen lassen, durch ein Sieb gießen, erkalten lassen, entfetten
1 Becher (150 g) Crème fraîche	mit soviel von der Bratenflüssigkeit verrühren, daß eine cremige Soße entsteht, evtl. mit
Salz, Pfeffer	
Pfefferminz-Likör	abschmecken, zu dem Fleisch reichen.
Beigabe:	Bauernbrot.

Hirschkalbsrücken im Blätterteig

	Für die Füllung
750 g Hirschkalbsrücken im Stück (ohne Knochen)	unter fließendem kaltem Wasser abspülen, trockentupfen, enthäuten
1 Eßl. Butterschmalz	erhitzen, das Fleisch von allen Seiten kurz darin anbraten, mit
Pfeffer	würzen, herausnehmen
2–3 Zwiebeln	abziehen, fein würfeln
125 g durchwachsenen Speck	in kleine Würfel schneiden
125 g Champignons	putzen, waschen, fein hacken
	die drei Zutaten in den Bratensatz geben, glasig dünsten, erkalten lassen
1 Eßl. gehackte Basilikumblättchen	mit
½ Eßl. gehackten Salbeiblättchen	
½ Teel. gehackten Majoranblättchen	unter die erkaltete Masse rühren, mit Pfeffer,
Salz	würzen
	für den Teig
1 Packung (300 g) tiefgekühlten Blätterteig	nach der Vorschrift auf der Packung auftauen lassen, zu einer länglichen Platte in der dreifachen Größe des Hirschkalbsrückens ausrollen (nach Belieben etwas Teig zum Garnieren abnehmen), etwas von der Pilz-Kräuter-Masse in der Länge des Fleischstückes in die Mitte des Teiges geben, den Hirschkalbsrücken darauf legen, mit der restlichen Masse bedecken, den Teig um das Fleisch schlagen, auf ein mit Wasser abgespültes Backblech legen (glatte Teigseite nach oben), mit dem zurückgelassenen Teig garnieren, über die Teigoberseite verteilt 3 etwa pfenniggroße Löcher ausstechen
½ Eigelb	mit
1 Teel. Milch	verschlagen, den Teig damit bestreichen
	das Backblech in den vorgeheizten Backofen schieben
Strom:	200–225
Gas:	3–4
Backzeit:	Etwa 45 Minuten
	das gare Fleisch aus dem Backofen nehmen, erkalten lassen, in nicht zu dünne Scheiben schneiden, auf einer Platte anrichten
6 gedünstete Birnenhälften	mit
6 Eßl. Preiselbeeren (aus dem Glas)	füllen, mit auf die Platte geben.

Desserts

Beeren-Salat, pikant

(Abb. S. 238/239)

750 g Beerenobst (z. B. Erdbeeren, Johannisbeeren, Stachelbeeren, Himbeeren, Brombeeren, Heidelbeeren)	waschen (Himbeeren nur verlesen), gut abtropfen lassen, entstielen das Obst vermengen, in eine Schale geben, mit
etwas gesiebtem Puderzucker	bestäuben
	für die Salatsoße
1 Becher (150 g) Crème fraîche	mit
1 Teel. Senf **etwa 1 Eßl. Zitronensaft** **1–2 Eßl. Zucker** **Salz** **Pfeffer**	abschmecken, mit
abgeriebener Schale von 1 Apfelsine (unbehandelt)	bestreuen die Soße über das Obst verteilen oder dazureichen.

Eisbecher Früchtegarten

(1 Portion)

	Aus
1 Packung Das Feine Zitronen-Sorbet **1 Packung Eiscreme Das Feine Kirsch** **1 Packung Das Feine Cassis-Sorbet** **1 Packung Eis-Paradies Vanille**	mit einem Eis-Portionierer jeweils 1 Kugel ausstechen, in 1 gekühltes Dessertglas geben, mit
Schlagsahne	verzieren, mit
geraspelter Schokolade **Waffelröllchen** **Früchten (z. B. Ananas, Kiwis, Kirschen, Mandarinen)**	garnieren.

Walnuß-Apfelsinen-Creme

1 Päckchen Gelatine gemahlen, weiß	mit
4 Eßl. kaltem Wasser	in einem kleinen Topf anrühren, 10 Minuten zum Quellen stehenlassen, unter Rühren erwärmen, bis sie gelöst ist
2 Eigelb	mit
2 Eßl. warmen Wasser	schaumig schlagen, nach und nach
75 g (3 gut gehäufte Eßl.) Zucker	dazugeben, so lange schlagen, bis eine cremeartige Masse entstanden ist
250 ml (1/4 l) Orangensaft	mit
125 ml (1/8 l) Milch	
2 Eßl. Orangenlikör	und der lauwarmen Gelatine-Lösung unter die Eigelb-Masse schlagen, kalt stellen
2 Eiweiß	steif schlagen
250 ml (1/4 l) Schlagsahne	steif schlagen
	sobald die Speise anfängt dicklich zu werden, Eierschnee und Schlagsahne (von der Schlagsahne etwas zum Verzieren zurücklassen) unterheben
75 g Walnußkerne	sehr klein hacken (einige ganze Kerne zum Garnieren zurücklassen), unter die Creme rühren, nach Belieben mit
Orangenlikör	abschmecken
	die Creme in eine Glasschale oder in Dessertschälchen füllen, kalt stellen
	die Creme mit der zurückgelassenen Schlagsahne verzieren, mit den Walnußkernen garnieren.

Kiwi-Salat

4 Kiwis	schälen, in Scheiben schneiden
375 g Erdbeeren	waschen, gut abtropfen lassen, entstielen, vierteln
2 Pfirsiche	kurze Zeit in kochendes Wasser legen (nicht kochen lassen), in kaltem Wasser abschrecken, enthäuten, halbieren, entsteinen, in Spalten schneiden
	für die Salatsoße
3–4 Eßl. Apfelsinensaft	mit
1–2 Eßl. Zitronensaft	
2 Eßl. Grand Marnier	
1–2 Eßl. Zucker	verrühren, in einem kleinen Topf erhitzen, bis sich der Zucker gelöst hat, etwas abkühlen lassen
	die noch lauwarme Salatsoße mit den Salatzutaten vermengen, etwas durchziehen lassen.
Beigabe:	Angeschlagene Sahne, mit Grand Marnier abgeschmeckt.

Kleine Sherry-Charlotte
(Abb. nebenstehend)

2 gehäufte Teel. Gelatine gemahlen, weiß	mit
3 Eßl. kaltem Wasser	in einem kleinen Topf anrühren, 10 Minuten zum Quellen stehenlassen, unter Rühren erwärmen, bis sie gelöst ist
16 Löffelbiskuits	auf einen Teller legen, mit
4 Eßl. Cream Sherry	beträufeln, zugedeckt stehenlassen
3 Eigelb	mit
125 g (5 gut gehäufte Eßl.) Zucker	
1 Päckchen Vanillin-Zucker	
1 Eßl. Apfelsinensaft	in eine Schüssel geben, über Wasserdampf schaumig schlagen, die Schüssel aus dem Wasserbad nehmen, die Masse kalt schlagen
375 ml (3/8 l) Schlagsahne	steif schlagen, mit
4 Eßl. Cream Sherry	und der lauwarmen Gelatine-Lösung unter die Eigelb-Masse rühren, kalt stellen in 4 Dessertgläser oder -schälchen jeweils 4 Löffelbiskuits stellen, die Creme hineinfüllen, mit
Maraschino-Kirschen	
Apfelsinenschalenstreifen (unbehandelt)	garnieren.

Obstsalat mit Likör-Soße

2 Bananen	schälen, in Scheiben schneiden
2 Äpfel	schälen, vierteln, entkernen, in Stücke schneiden beide Zutaten mit
2 Eßl. Zitronensaft	beträufeln
125 g blaue und grüne Weintrauben	waschen, entstielen, gut abtropfen lassen, halbieren, entkernen
2 Apfelsinen	schälen, von der weißen Haut befreien, in Stücke schneiden
4 Aprikosen	waschen, entsteinen, in Spalten schneiden die Zutaten mit
2 Eßl. Zucker	vermengen, in eine Glasschale geben
	für die Likör-Soße
1 Becher (150 g) Crème fraîche	mit
2–3 Eßl. Orangenlikör	verrühren
30 g Haselnußkerne	in Scheiben schneiden, unterrühren, die Soße über das Obst geben.

Likör-Sahne-Creme

(Etwa 6 Portionen)

2 Eigelb	schaumig schlagen, nach und nach
75 g (3 gut gehäufte Eßl.) Zucker	dazugeben, so lange schlagen, bis eine cremeartige Masse entstanden ist
3 Eßl. Kirschlikör	unterrühren
500 ml (1/2 l) Schlagsahne	1/2 Minute schlagen
1 Päckchen Sahnesteif	mit
1 gut gehäuften Eßl. Zucker	mischen, einstreuen, die Sahne steif schlagen, vorsichtig unter die Eigelb-Creme heben eine Glasschale mit
etwa 100 g Löffelbiskuits	auslegen, die Creme darauf füllen, mit
Kirschen	
geraspelter Schokolade	garnieren die Likör-Sahne-Creme halbgefroren oder sehr kalt servieren.

Krokant-Ring

	Für den Krokant
1 1/2 Eßl. Butter	mit
60 g (3 schwach gehäufte Eßl.) Zucker	unter Rühren so lange erhitzen, bis der Zucker schwach gebräunt ist
100 g abgezogene, gehackte Mandeln	unterrühren, unter ständigem Rühren erhitzen, bis der Krokant genug gebräunt ist, die Masse auf eine geölte Platte geben, erkalten lassen, evtl. in kleine Stücke stoßen
1 l Milch	zum Kochen bringen
2 Päckchen Pudding-Pulver Vanille-Geschmack	mit
80 g (4 schwach gehäufte Eßl.) Zucker	mischen, mit
gut 125 ml (1/8 l) kalter Milch	anrühren, unter Rühren in die von der Kochstelle genommene Milch geben, kurz aufkochen lassen, in eine mit kaltem Wasser ausgespülte Kranzform füllen, kalt stellen den festgewordenen Pudding auf einen Teller stürzen, mit dem Krokant bestreuen
etwa 240 g Aprikosenhälften (aus der Dose)	abtropfen lassen, den Saft auffangen, 250 ml (1/4 l)

	davon abmessen, die Aprikosen in die Mitte des Krokant-Ringes geben, mit
Schlagsahne	verzieren
	für die Aprikosen-Soße
1/2 Apfelsine (unbehandelt)	waschen, abtrocknen, dünn schälen, die Schale in sehr feine Streifen schneiden, mit dem abgemessenen Aprikosensaft kurz aufkochen lassen
1-2 Eßl. Orangenlikör	unterrühren, die Soße erkalten lassen, zu dem Krokant-Ring reichen.

Schwarzwälder Kirsch-Creme

2 schwach gehäufte Teel. Gelatine gemahlen, weiß	mit
4 Eßl. kaltem Wasser	in einem kleinen Topf anrühren, 10 Minuten zum Quellen stehenlassen
750 ml (3/4 l) Milch	zum Kochen bringen
1 Päckchen Pudding-Pulver Vanille-Geschmack	
75 g (3 gut gehäufte Eßl.) Zucker	mischen, mit
6 Eßl. kalter Milch	anrühren, unter Rühren in die von der Kochstelle genommene Milch geben, kurz aufkochen lassen die gequollene Gelatine hinzufügen, so lange rühren, bis sie gelöst ist den Pudding kalt stellen, ab und zu durchrühren unter den erkalteten, aber noch nicht festgewordenen Pudding
etwa 2 Eßl. Kirschwasser	rühren
250 ml (1/4 l) Schlagsahne	mit
1 Päckchen Vanillin-Zucker	verrühren, steif schlagen, unter den Pudding heben (etwas zum Verzieren zurücklassen)
375 g entsteinte Sauerkirschen (aus dem Glas)	gut abtropfen lassen (einige zum Garnieren zurücklassen), mit der Sahne-Creme abwechselnd in Dessertschälchen schichten, die oberste Schicht muß aus Sahne-Creme bestehen die Schwarzwälder Kirsch-Creme mit der zurückgelassenen Schlagsahne verzieren, mit den restlichen Kirschen,
geraspelter Schokolade	garnieren.
Beigabe:	Waffeln.

Zimtparfait

(Halbgefrorenes - Abb. nebenstehend)

3 Eigelb	mit
75 g (3 gut gehäufte Eßl.) Zucker	schaumig schlagen
1 gehäuften Teel. gemahlenen Zimt	
3 Eßl. Weinbrand	hinzufügen
3 Eiweiß	mit
1 Eßl. Zucker	verrühren, steif schlagen
500 ml (1/2 l) Schlagsahne	1/2 Minute schlagen
2 Päckchen Sahnesteif	einstreuen, die Sahne steif schlagen Sahne und Eierschnee vorsichtig mit der Eigelb-Creme vermengen, in eine Schüssel füllen, mit einem Deckel oder mit Alufolie abdecken, in das Gefrierfach des Kühlschranks stellen (am besten über Nacht), gefrieren lassen
250 g entsteinte Backpflaumen	in
750 ml (3/4 l) Wasser	etwa 12 Stunden (am besten über Nacht) einweichen, abtropfen lassen
2 Apfelsinen (unbehandelt)	waschen, abtrocknen, die Schale in dünnen Streifen abschälen, mit
125 ml (1/8 l) Wasser	
3 Eßl. Zucker	zum Kochen bringen, die Flüssigkeit sirupartig einkochen, erkalten lassen die Apfelsinen von der weißen Haut befreien, in Spalten teilen, filieren das Zimtparfait etwa 10 Minuten vor dem Servieren aus dem Gefrierfach nehmen, mit einem Eis-Portionierer Kugeln daraus formen, mit den Backpflaumen, den Apfelsinenfilets in Dessertschälchen anrichten, den erkalteten Sirup darüber geben
geschabte Schokolade	darüber streuen.

Caprice

4 Eßl. Schoko-Soße für Eis und Pudding	auf 4 gekühlte Dessertgläser verteilen aus
1 Packung Eiscreme Das Feine Mandel-Caramel	mit einem Eis-Portionierer 12 Kugeln formen, jeweils 3 Kugeln auf die Gläser verteilen, mit
Schlagsahne	verzieren, mit
Mandeln	garnieren.

Wiener Beeren-Kaltschale

(4–6 Portionen)

750 g Beerenobst (z. B. Erdbeeren, Johannisbeeren, Himbeeren, Heidelbeeren, Brombeeren)	waschen (Himbeeren nur verlesen), gut abtropfen lassen, entstielen das Obst vorsichtig mit
100–150 g gesiebtem Puderzucker **2 Eßl. Zitronensaft** **1 Eßl. Orangenlikör** **1 Messerspitze gemahlenem Zimt**	vermengen, zugedeckt 30 Minuten durchziehen lassen
1 l Dickmilch	unterrühren die Kaltschale in Dessertgläser geben, mit
Vanille-Eis	anrichten.

Herren-Creme

1 Päckchen Pudding-Pulver Sahne-Geschmack	mit
2 schwach gehäuften Eßl. Zucker	und 4 Eßl. von
500 ml (½ l) kalter Milch	anrühren, die übrige Milch zum Kochen bringen, von der Kochstelle nehmen, das angerührte Pudding-Pulver unterrühren, kurz aufkochen lassen, kalt stellen, ab und zu umrühren unter den erkalteten, aber noch nicht fest gewordenen Pudding
4–5 Eßl. Rum **75 g kleingeschnittene Schokolade**	(etwas zum Garnieren zurücklassen) rühren
250 ml (¼ l) Schlagsahne	½ Minute schlagen
1 Päckchen Sahnesteif	mit
1 Päckchen Vanillin-Zucker	mischen, einstreuen, die Sahne steif schlagen, etwa ⅔ davon unter den Pudding heben, die restliche Schlagsahne in einen Spritzbeutel füllen die Herren-Creme mit der zurückgelassenen Schokolade garnieren, mit der restlichen Schlagsahne aus dem Spritzbeutel verzieren, mit
Cocktailkirschen	garnieren.

Rote Grütze mit Himbeeren

1 Packung (300 g) tiefgekühlte Himbeeren bei Zimmertemperatur auftauen lassen
aus

1 Päckchen Rote Grütze Himbeer-Geschmack
100 g (4 gut gehäufte Eßl.) Zucker
500 ml (1/2 l) Wasser nach der Vorschrift auf dem Päckchen eine Grütze zubereiten, die Himbeeren unterheben
die Speise in Dessertschälchen füllen, erkalten lassen
die Rote Grütze gut gekühlt servieren.

Beigabe: Angeschlagene Crème fraîche, mit Vanillin-Zucker abgeschmeckt.

Welfenspeise

Für die Creme

3 schwach gehäufte Eßl. Speisestärke
1 Päckchen Vanillin-Zucker mit 6 Eßl. von
500 ml (1/2 l) kalter Milch anrühren, die übrige Milch zum Kochen bringen, von der Kochstelle nehmen, die Speisestärke unter Rühren hineingeben, kurz aufkochen lassen
2 Eiweiß steif schlagen, unterheben
die Creme in eine Glasschale füllen (darf nur halb gefüllt sein)

für die Weinschaum-Soße

1 Ei mit
2 Eigelb
1 schwach gehäuften Eßl. Speisestärke
50 g Zucker
250 ml (1/4 l) Weiß- oder Apfelwein
abgeriebener Schale von 1/2 Zitrone (unbehandelt)
1 Eßl. Zitronensaft in einen kleinen Kochtopf geben, gut verschlagen, im Wasserbad so lange mit einem Schneebesen durchschlagen, bis eine dicke Kochblase aufsteigt (nicht kochen lassen)

Erhitzungszeit: Etwa 20 Minuten
die erkaltete Weinschaum-Soße auf die Creme füllen.

Himbeer-Gelee

(Abb. nebenstehend)

1 Packung (300 g) tiefgekühlte Himbeeren	bei Zimmertemperatur auftauen, abtropfen lassen, den Saft mit
Himbeersirup	auf 250 ml (1/4 l) auffüllen
6 Blatt rote Gelatine	etwa 5 Minuten in kaltem Wasser einweichen
	den abgemessenen Saft mit
125 ml (1/8 l) Wasser	
125 ml (1/8 l) Weißwein	erhitzen
	die gequollene Gelatine gut ausdrücken, in die von der Kochstelle genommene Flüssigkeit geben, so lange rühren, bis die Gelatine vollkommen gelöst ist
	die Flüssigkeit mit
etwa 2 Eßl. Zitronensaft	abschmecken
	eine Puddingform mit kaltem Wasser ausspülen, etwas von der Flüssigkeit hineingeben, so daß der Boden bedeckt ist, erstarren lassen, darauf die Himbeeren geben (einige zum Garnieren zurücklassen), mit Flüssigkeit bedecken, kalt stellen
	wenn diese Schicht erstarrt ist, die restliche Flüssigkeit darauf geben, fest werden lassen (am besten über Nacht)
	damit sich das Gelee besser stürzen läßt, es mit einem Messer vorsichtig vom Rand der Form lösen, den Boden der Form kurze Zeit in heißes Wasser halten
	das Himbeer-Gelee stürzen, mit
Schlagsahne	verzieren, mit den zurückgelassenen Himbeeren garnieren.
Beigabe:	Vanille-Soße.

Weinbrand-Aprikosen

(Etwa 8 Portionen)

8 reife Aprikosen	waschen, abtrocknen, rundherum mit einem Hölzchen einstechen, in eine Schüssel legen, mit
6 Eßl. Zucker	bestreuen, mit
6 Eßl. Weinbrand	beträufeln, zugedeckt eine Zeitlang stehenlassen, die Früchte ab und zu wenden
	die Aprikosen aus der Flüssigkeit nehmen, auf acht Dessertgläser verteilen, die Flüssigkeit unter Rühren zum Kochen bringen, kurz aufkochen lassen, über die Aprikosen verteilen, erkalten lassen
125–250 ml (1/8–1/4 l) Schlagsahne	1/2 Minute schlagen
1 Päckchen Sahnesteif	unter ständigem Schlagen einstreuen, die Sahne steif schlagen, auf die Aprikosen spritzen.

Eisschale Alexandra

Aus
1 Packung Eiscreme Das Feine Walnuß mit einem Eis-Portionierer Kugeln formen, in einer gekühlten Glasschale anrichten
4-6 Eßl. Eierlikör als Kranz darauf geben, das Eis mit
Schlagsahne verzieren, mit
halbierten Walnußkernen
gehackten Pistazienkernen garnieren.

Eistraum Aphrodite

1 Mango waschen, abtrocknen, halbieren, entsteinen, das Fruchtfleisch vorsichtig aus der Schale lösen, evtl. zerkleinern, mit
2 Eßl. Grand Marnier beträufeln
knapp 1/2 Packung Eiscreme Das Feine Pistazie
das Eis in kleine Würfel schneiden, in die Mangoschalen geben, das Fruchtfleisch darum verteilen, mit
Schlagsahne verzieren.

Mousse au chocolat

150 g zartbittere Schokolade in kleine Stücke brechen, in einem kleinen Topf im Wasserbad zu einer geschmeidigen Masse verrühren
3 Eigelb mit
1 Ei
50 g (2 gut gehäufte Eßl.) Zucker
2 Eßl. Kaffeelikör
1 Teel. Instant-Kaffeepulver in eine Schüssel geben, über Wasserdampf in 5-7 Minuten schaumig schlagen
die Schüssel aus dem Wasserbad nehmen, die Masse in etwa 5 Minuten kalt schlagen
3 Eiweiß steif schlagen, mit der flüssigen Schokolade,
1 Becher (150 g) Crème fraîche unter die Eigelb-Masse rühren
die Speise in Dessertgläser füllen, gut gekühlt servieren.

Flambierte Kiwis Astoria

6–8 Kiwis	schälen, in nicht zu dünne Scheiben schneiden
30–40 g Butter	zerlassen
2 Eßl. abgezogene, gehobelte Mandeln	darin goldbraun rösten, mit
2 gut gehäuften Eßl. Zucker	bestreuen, etwas karamelisieren lassen, mit
2 Eßl. Apfelsinensaft	ablöschen, mit
gemahlenem Zimt	würzen
	die Kiwischeiben hinzufügen, so lange darin erhitzen, bis der Apfelsinensaft fast verkocht ist
4 Eßl. Calvados oder Weinbrand	in einem kleinen Topf erhitzen, über die Kiwischeiben gießen, anzünden
1 Packung Eiskrönung Eierlikör-Nuß	in Würfel schneiden, auf 4 Dessertteller geben, die heißen Kiwischeiben mit der Soße darüber verteilen.

Herbstlicher Obstsalat

50 g Preiselbeeren	verlesen, waschen
200 g rotes Johannisbeergelee	zum Kochen bringen, die Preiselbeeren hinzufügen, in etwa 2 Minuten darin garen, mit dem Schaumlöffel herausnehmen, kalt stellen
	das Gelee sirupartig einkochen, etwas abkühlen lassen
2 Eßl. Slibowitz	hinzufügen, kalt stellen
500 g Zwetschen	waschen, abtrocknen, halbieren, entsteinen
500 g Weintrauben	waschen, entstielen, gut abtropfen lassen, halbieren, entkernen
	das Obst mit
2 Eßl. gesiebtem Puderzucker	vermengen, mit
gemahlenem Zimt	würzen
2 Eßl. Slibowitz	unterrühren, kalt stellen
	für die Salatsoße
2 Eigelb	mit
100 g gesiebtem Puderzucker	schaumig schlagen
1 Becher (150 g) Sahnejoghurt	unterrühren
125 ml (1/8 l) Schlagsahne	steif schlagen, unterziehen
	die Preiselbeeren mit dem Salat vermengen, mit
halbierten Walnußkernen	garnieren
	Soße und Johannisbeersirup dazureichen.

Walnuß-Creme

(Abb. nebenstehend)

1 Päckchen Gelatine gemahlen, weiß	mit
5 Eßl. kaltem Wasser	in einem kleinen Topf anrühren, 10 Minuten zum Quellen stehenlassen
2 Eigelb	mit
1 Eßl. heißem Wasser	schaumig schlagen, nach und nach
60 g Zucker	
1 Päckchen Vanillin-Zucker	unterschlagen
6 Eßl. Eierlikör	
60 g gemahlene Walnußkerne	unterrühren
	die gequollene Gelatine unter Rühren erhitzen, bis sie gelöst ist, zunächst 3 Eßl. der Eigelb-Masse hinzufügen, verrühren, dann unter die übrige Eigelb-Masse schlagen, evtl. kalt stellen
2 Eiweiß	steif schlagen
250 ml (1/4 l) Schlagsahne	steif schlagen
	wenn die Masse anfängt dicklich zu werden, beide Zutaten (etwas Schlagsahne zum Verzieren zurücklassen) unterheben, die Creme in Portionsgläser füllen, kalt stellen, damit sie fest wird, mit der zurückgelassenen Schlagsahne verzieren, mit
Walnußkernen	garnieren.

Geeiste Erdbeeren mit Zitronen-Sahne

750 g Erdbeeren	waschen, gut abtropfen lassen, entstielen, in etwa 2 cm dicke Scheiben schneiden, in eine Glasschale schichten, dabei jede Schicht mit
Zucker	bestreuen
	eine größere Glasschale mit
zerstoßenem Wassereis (aus dem Gefrierfach)	füllen, die Schale mit den Erdbeeren hineinsetzen
	für die Zitronen-Sahne
250 ml (1/4 l) Schlagsahne	1/2 Minute schlagen
1 Päckchen Sahnesteif	mit
1 gut gehäuften Eßl. gesiebtem Puderzucker	mischen, einstreuen, die Sahne steif schlagen
2 Eßl. Zitronensaft	vorsichtig unterrühren
	die Sahne zu den geeisten Erdbeeren reichen.

Eisschale Sommertraum

1 Packung Das Feine Cassis-Sorbet	
	das Eis auf einen ovalen Glasteller stürzen
250 ml (1/4 l) Sahne	1/2 Minute schlagen
1 Päckchen Vanillin-Zucker	mit
1 Päckchen Sahnesteif	mischen, einstreuen, die Sahne steif schlagen
	die Schlagsahne als Kranz um das Eis spritzen
	das Eis mit
schwarzen Johannisbeeren	garnieren
	die restliche Schlagsahne dazureichen.
Beigabe:	Blätterteig-Brezeln.

Geeiste Weintrauben

500 g grüne und blaue Weintrauben	waschen, entstielen, gut abtropfen lassen, halbieren, entkernen, in eine Schüssel geben
3 Eßl. Zucker	mit
1 Päckchen Vanillin-Zucker	mischen, über die Weintrauben streuen
Wassereis (aus dem Gefrierfach)	in sehr kleine Stücke zerstoßen, 4 Sektschalen zur Hälfte damit füllen
	die Weintrauben darauf geben, je 2 Eßl. von
8 Eßl. Himbeergeist	darüber verteilen.

Eisbecher Helena

	Aus
1 Packung Eiscreme Das Feine Pistazie	mit einem Eis-Portionierer Kugeln formen, auf gekühlten Glastellern anrichten
etwa 500 g Aprikosenhälften (aus der Dose)	abtropfen lassen, jeweils eine Aprikosenhälfte auf eine Eiskugel legen
Erdbeer-Soße für Eis und Pudding	darüber verteilen, mit
Schlagsahne	verzieren, mit
gebräunten Mandelstiften Waffelröllchen	garnieren.

Obstsalat

750 g vorbereitetes Obst (Erdbeeren, Bananen, Weintrauben, Apfelsinen)	in Stücke schneiden, mit
50 g vorbereiteten Johannisbeeren	vermengen, mit
etwas Zucker	bestreuen, mit
etwas Zitronensaft	beträufeln, in Dessertgläsern anrichten.

Pfirsich Kardinals Art

	Aus
1 Packung Eiscreme Das Feine Mandel-Caramel	mit einem Eis-Portionierer 12 Kugeln formen, in 4 gekühlten Dessertgläsern anrichten, mit
Schlagsahne	verzieren
4 Pfirsichhälften (aus der Dose)	abtropfen lassen, darauf legen
Himbeer-Soße für Eis und Pudding	darüber verteilen, mit
gebräunten, gestiftelten Mandeln	garnieren.

Vanille-Quark-Creme

500 ml (1/2 l) Milch	zum Kochen bringen
1 Päckchen Pudding-Pulver Vanille-Geschmack	
50 g Zucker	mit
6 Eßl. kalter Milch	anrühren, unter Rühren in die von der Kochstelle genommene Milch geben, kurz aufkochen lassen, kalt stellen, ab und zu durchrühren
50 g Zucker	mit
1 Päckchen Vanillin-Zucker	mischen, unter
250 g Speisequark	rühren
	den Vanille-Pudding eßlöffelweise unter den Quark rühren
	die Creme in eine Glasschale füllen
	da Quark leicht säuert, die Creme möglichst frisch essen.
Veränderung:	Die Creme über 500 g beliebiges gezuckertes weiches Obst geben.

Zabaione
(Abb. nebenstehend)

4 Eigelb	mit
40 g Zucker	cremig schlagen
8 Eßl. Marsala	hinzufügen, im Wasserbad dickschaumig schlagen
	die Creme sofort in Gläser füllen, mit
kleinen Makronen	garnieren.

Bananen-Eis mit Ingwer

3 Bananen	schälen, mit einer Gabel gut zerdrücken, mit
2 Eigelb	
2 Eßl. Honig	
5–6 Eßl. Zitronensaft	schaumig schlagen
5 eingelegte Ingwerfrüchte	in Streifen schneiden, unterrühren
250 ml (1/4 l) Schlagsahne	steif schlagen, unter den Bananenschaum heben
	die Masse in 2 Eisschalen füllen, gefrieren lassen
	das Eis in Würfel schneiden, in gekühlte Dessertgläser füllen, sofort servieren.
Beigabe:	Schokoladen-Soße.

Maçedoine des fruits

2 Äpfel	schälen, vierteln, entkernen
2 Apfelsinen	schälen, von der weißen Haut befreien
1 Kiwi	
1 Banane	
	beide Zutaten schälen
	das Obst in kleine Stücke schneiden
100 g Erdbeeren	waschen, abtropfen lassen, entstielen
200 g grüne und blaue Weintrauben	waschen, entstielen, gut abtropfen lassen, halbieren, entkernen
	das Obst mit
2 gut gehäuften Eßl. Zucker	vermengen, in Dessertgläser füllen
	für die Soße
1 Becher (150 g) Crème fraîche	mit
2 Eßl. Orangenlikör	verrühren, über das Obst geben
20 g gehobelte Haselnußkerne	darüber streuen.

Nektarinen-Creme mit Sahne

2 Teel. Gelatine gemahlen, weiß	mit
2 Eßl. kaltem Wasser	in einem kleinen Topf anrühren, 10 Minuten zum Quellen stehenlassen, unter Rühren erwärmen, bis sie gelöst ist
500 g Nektarinen	waschen, halbieren, entsteinen, in Würfel schneiden
250 ml (1/4 l) Weißwein	mit
etwa 125 g Zucker	erhitzen, die Nektarinenwürfel darin etwa 8 Minuten dünsten lassen, mit einem Schaumlöffel herausnehmen, etwa 1/4 davon beiseite stellen die restlichen Nektarinenwürfel pürieren, wieder in die Dünstflüssigkeit geben, mit
Weißwein	auf 500 ml (1/2 l) auffüllen, mit der lauwarmen Gelatine-Lösung verrühren
250 ml (1/4 l) Schlagsahne	steif schlagen sobald die Nektarinen-Pülpe anfängt, dicklich zu werden, die Schlagsahne (etwas zum Garnieren zurücklassen) und die restlichen Nektarinenwürfel unterheben die Nektarinen-Creme in Dessertgläser füllen, mit der restlichen Sahne verzieren, gut gekühlt servieren.

Himbeer-Schmaus

500 g Himbeeren	sorgfältig verlesen, mit
100 g Zucker	bestreuen, sobald die Himbeeren genügend Saft gezogen haben, sie abtropfen lassen, den Saft auffangen, 250 ml (1/4 l) davon abmessen (evtl. mit Wasser auffüllen) die Himbeeren in Dessertgläser oder in eine Glasschale geben
250 ml (1/4 l) Schlagsahne	1/2 Minute schlagen
1 Päckchen Sahnesteif	mit
1 Päckchen Vanillin-Zucker	mischen, einstreuen, die Sahne steif schlagen, auf die Himbeeren spritzen aus
1 Päckchen Tortenguß, rot	
1 gut gehäuften Eßl. Zucker	
250 ml (1/4 l) Himbeersaft	nach der Vorschrift auf dem Päckchen einen Guß zubereiten, 1 Minute abkühlen lassen, dann vorsichtig eßlöffelweise über die Sahne geben den Himbeer-Schmaus bis zum Verzehr kalt stellen.

Erdbeer-Quark-Speise

175–250 g Erdbeeren	waschen, gut abtropfen lassen, entstielen, pürieren
500 g Speisequark	mit
200 ml (1/5 l) Milch	
50 g (2 gut gehäufte Eßl.) Zucker	gut verrühren, das Erdbeer-Püree unterschlagen die Speise in Dessertgläser füllen.
Veränderung:	Anstelle von Erdbeeren 2 Eßl. Erdbeersirup verwenden, die Quark-Speise mit Vanillin-Zucker abschmecken.

Birnen-Charlotte

1 Päckchen Gelatine gemahlen, weiß	mit
3 Eßl. kaltem Wasser	anrühren, 10 Minuten zum Quellen stehenlassen
1 Päckchen Gala Pudding-Pulver für Schokoladen-Pudding	mit
75 g (3 gut gehäufte Eßl.) Zucker	mischen, mit 6 Eßl. von
500 ml (1/2 l) kalter Milch	anrühren, die übrige Milch zum Kochen bringen, von der Kochstelle nehmen, das Pudding-Pulver unter Rühren hineingeben, kurz aufkochen lassen die gequollene Gelatine hinzufügen, so lange rühren, bis sie gelöst ist den Pudding kalt stellen, ab und zu durchrühren einen Springformrand (Durchmesser etwa 24 cm) innen einfetten, mit einem Streifen Pergamentpapier auslegen, auf eine Tortenplatte stellen
16 Löffelbiskuits	halbieren, mit der Zuckerseite zum Rand und mit der Wölbung nach oben an den Springformrand stellen
200 g gedünstete Birnenhälften	in Spalten schneiden
250 ml (1/4 l) Schlagsahne	steif schlagen wenn die Speise anfängt dicklich zu werden, die Sahne unterheben die Creme in den Springformrand füllen, die Birnenspalten so hineindrücken, daß sie nicht mehr zu sehen sind die Speise kalt stellen sobald die Creme fest ist, den Springformrand vorsichtig lösen, das Pergamentpapier abziehen die Birnen-Charlotte mit
geschabter Vollmilch-Schokolade	bestreuen.

Williams-Eis

(Abb. nebenstehend)

1 Haushaltspackung Vanille-Eis	in acht gleichmäßige Stücke schneiden, auf vier Dessertschälchen verteilen
4 gedünstete Birnenhälften	auf das Eis geben, mit
3 Eßl. Birnenschnaps	beträufeln
125 ml (1/8 l) Schlagsahne	steif schlagen
30 g zartbittere Schokolade	in einem kleinen Topf im Wasserbad zu einer geschmeidigen Masse verrühren, vorsichtig unter die Schlagsahne heben die Schokoladen-Sahne in einen Spitzbeutel mit gezackter Tülle füllen, das Eis damit verzieren
geschabte zartbittere Schokolade	darüber streuen.
Beigabe:	Waffel-Röllchen.

Heidelbeer-Bavarois

(Etwa 6 Portionen)

1 Päckchen Gelatine gemahlen, weiß	
1 Päckchen Gelatine gemahlen, rot	mit
8 Eßl. kaltem Wasser	in einem kleinen Topf anrühren, 10 Minuten zum Quellen stehenlassen, unter Rühren erwärmen, bis sie gelöst ist
750 g Heidelbeeren	verlesen, waschen, gut abtropfen lassen gut die Hälfte der Heidelbeeren mit der Hälfte von
200 g gesiebtem Puderzucker	
etwas Zitronensaft	pürieren, mit der lauwarmen Gelatine-Lösung verrühren
6 Eigelb	mit
2 Eßl. lauwarmem Wasser	schaumig schlagen, den restlichen Puderzucker nach und nach unterschlagen, unter die Heidelbeer-Pülpe rühren
500 ml (1/2 l) Schlagsahne	steif schlagen sobald die Heidelbeer-Pülpe anfängt dicklich zu werden, die Schlagsahne unterheben die Speise in eine kalt ausgespülte Puddingform füllen, kalt stellen die vollkommen steife Speise auf eine Platte stürzen, nach Belieben mit
Schlagsahne	verzieren, mit den zurückgelassenen Heidelbeeren garnieren.

Melonen-Salat

1 Honigmelone (etwa 500 g)	vierteln, entkernen, schälen
2 Äpfel (etwa 150 g)	schälen, vierteln, entkernen beide Zutaten in feine Streifen schneiden
2 Bananen (etwa 150 g)	schälen, in Scheiben schneiden
etwa 150 g Mandarinenspalten	
2–3 Eßl. Zitronensaft	mit
2 Eßl. Honig	verrühren, mit dem Obst vermengen den Melonen-Salat in eine Glasschale geben, mit
gehackten Haselnußkernen	bestreuen.

Eierlikör-Schälchen

2 Apfelsinen	schälen, von der weißen Haut befreien, die Apfelsinen in Scheiben schneiden, evtl. entkernen, die Apfelsinenscheiben mit
Vanillin-Zucker	bestreuen, mit
2–3 Eßl. weißem Rum oder Grand Marnier	beträufeln, gut durchziehen lassen
1 Haushaltspackung Vanille-Eis	in Würfel schneiden, in vier Dessertschälchen geben die Apfelsinenscheiben darauf anrichten, mit dem sich gebildeten Saft beträufeln, mit
abgezogenen, gehobelten Mandeln	bestreuen
etwa 200 ml (1/5 l) Eierlikör	über die Eis-Portionen verteilen, nach Belieben mit
Schlagsahne	
geraspelter Schokolade	verzieren, mit
Cocktailkirschen	garnieren.
Beigabe:	Eiswaffeln.

Beerenfrüchte mit Erdbeer-Sahne

150 g Heidelbeeren	
150 g rote Johannisbeeren	
150 g Brombeeren	die Beeren verlesen, waschen, gut abtropfen lassen, Johannisbeeren entstielen
150 g Himbeeren	verlesen, evtl. entstielen die Beeren mit
1–2 Eßl. Zucker	vermengen, in eine Glasschüssel geben

	für die Erdbeer-Sahne
150 g Erdbeeren	waschen, gut abtropfen lassen, entstielen, in kleine Stücke schneiden
200–250 ml (1/5–1/4 l) Schlagsahne	mit
1 Päckchen Vanillin-Zucker	
1 Eßl. Himbeergeist	verrühren, halbsteif schlagen, die Erdbeerstückchen unterheben, auf die Beerenfrüchte geben, sofort servieren.

Rotwein-Creme

250 ml (1/4 l) Wasser	zum Kochen bringen
1 Päckchen Rote Grütze Himbeer-Geschmack	mit
100 g Zucker	mischen, mit
250 ml (1/4 l) Rotwein	anrühren, unter Rühren in das von der Kochstelle genommene Wasser geben, kurz aufkochen lassen, kalt stellen, ab und zu durchrühren
250 ml (1/4 l) Sahne	steif schlagen, unter die abgekühlte Speise heben (etwas zum Verzieren zurücklassen) die Rotwein-Creme in eine Glasschale oder in Dessertschälchen füllen, mit der zurückgelassenen Schlagsahne verzieren.

Beeren-Salat mit Sekt-Sabayon

250 g Himbeeren	verlesen, evtl. entstielen
250 g Johannisbeertrauben	verlesen, waschen, gut abtropfen lassen, einige Trauben zum Garnieren zurücklassen, die restlichen Trauben entstielen die Beeren auf Portionsschälchen verteilen, mit
etwa 1 Eßl. Zucker	bestreuen, kalt stellen
	für die Sekt-Sabayon
2 Eigelb	mit
1 Ei	
2 Eßl. Zucker	
1 Eßl. Zitronensaft	
125 ml (1/8 l) Sekt	mit dem elektrischen Handrührgerät im Wasserbad in etwa 7 Minuten cremig schlagen
125 ml (1/8 l) halbtrockenen Sekt	über die vorbereiteten Früchte verteilen, mit dem warmen Sabayon übergießen, mit den zurückgelassenen Johannisbeertrauben garnieren, sofort servieren.

Melonen-Cocktail
(Abb. nebenstehend)

1 gut gekühlte Honigmelone	längs halbieren, entkernen, aus dem Fruchtfleisch mit einem Kartoffelausstecher Kugeln ausstechen oder die Melone aushöhlen, das Fleisch in Würfel schneiden
4 Eßl. Cream Sherry	darüber geben, nach Belieben mit
Zucker	bestreuen, mit
Zitronensaft	beträufeln, etwa 1 Stunde im Kühlschrank durchziehen lassen
	den Melonen-Cocktail in Sektschalen anrichten, mit
Maraschinokirschen	garnieren.

Eisbecher Waldeslust

375–500 g Brombeeren	verlesen, waschen, gut abtropfen lassen, mit
75 g Zucker	mischen, zum Saftziehen stehenlassen, in 4 gut gekühlte Dessertgläser füllen
	aus
2 Packungen Eis-Krönung Vanille-Geschmack	mit einem Eis-Portionierer 16 Kugeln formen, auf die Gläser verteilen, mit
Schlagsahne	verzieren, mit
Brombeeren	garnieren.

Schwarze Johannisbeeren mit Rum-Creme

500 g schwarze Johannisbeeren	verlesen, waschen, gut abtropfen lassen, entstielen, mit
75 g (3 gut gehäufte Eßl.) Zucker	bestreuen, in eine Glasschale oder in Gläser geben
500 ml (1/2 l) Milch	mit
2 Eßl. Rum	in eine Schüssel geben
	den Inhalt von
1 Päckchen Galetta Vanille-Geschmack	auf einmal dazugeben, so lange mit einem Schneebesen schnell durchrühren, bis eine gleichmäßige Creme entstanden ist (nach etwa 1 Minute)
125 ml (1/8 l) Schlagsahne	steif schlagen, unter die Creme heben, auf die Johannisbeeren verteilen, kühl stellen.

A

B

C

D

E

F

L

M

N

O

P